*JEDE*S G*R*AFFITI *SCHREIT S*EINE GESCHICHTE*!*

von

Josef Mahlmeister

**Mit über 100 Foto-Beispielen
aus Köln**

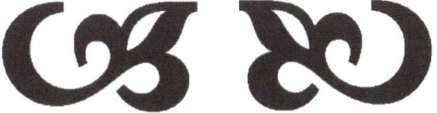

1.
korrigierte und neu überarbeitete – GROSSFORMAT -
Auflage

Bibliografische Information der Deutschen Nationalbibliothek:

Die Deutsche Nationalbibliothek verzeichnet diese Publikation
in der Deutschen Nationalbibliografie;
detaillierte bibliografische Daten sind im Internet über
http://dnb.d-nb.de
abrufbar.

1. neu überarbeitete GROSSFORMAT Auflage – Köln | September 2014

Gestaltung: Palabros de Cologne ®
Unter Verwendung des
Cover Creator von CreateSpace ©

CreateSpace, Charleston SC
Druck: Daten sind auf letzter Seite

ISBN-13: 978-1-501-01657-8
ISBN-10: 1-501-01657-1

EINLEITUNG

oder KURZE
HINFÜHRUNG ZUM THEMA

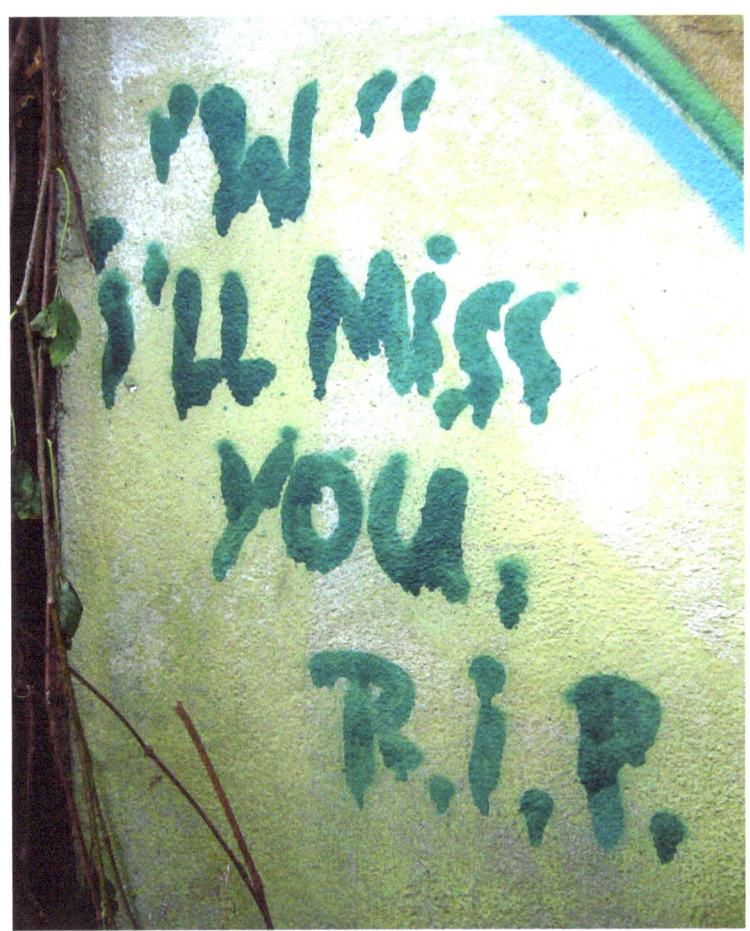

Wer mit offenen Augen durch seine Stadt spaziert, wird vieles vorfinden, was ihn emotional bewegt.

Von „roten" Ampeln, bis hin zu diesen nun wirklich schon unmöglich anmutenden „Schmierereien", die einem schon förmlich ins Auge fallen oder, ja: Stechen!

Manchem werden auch Farben, Formen und Botschaften, wie *„Ich liebe Dich!"* noch eher ansprechen. Manchen von uns Menschen, wie mich!

Am Beispiel der Stadt Köln, wurde daher hier in dieser Fotografie-Auslese versucht, einen Querschnitt aus ganz bunter Graffiti und gesprühten Bildern und Aussagen in einem Anthologie-Band zu vereinen. Dabei gibt es dann neben tatsächlichen „Kunstwerken" aus Grafik, auch jene, fast nur, rein explosiven Bildern aus Farbe, und vielen darunter scheinbar „fast" ohne Inhalt.

Wer sucht, der findet! Er findet Botschaften, Liebeserklärungen (u. a. auch zur Stadt Köln), Bekundungen von Ohnmacht und Wut, kurz: die Probleme unserer Zeit. Politiker sollten weniger ihre Diäten, als ihre Stadt betrachten (s. Seite 18), dann würden die Wahlprogramme ihres Landes wohl wertvoller und inhaltlich zielgerichteter werden.

Viele Hilfeschreie auf unseren Mauern und Hauswänden würden konkretes Echo finden und es würde Ursachenforschung betrieben, dort, wo sie tatsächlich vonnöten wäre.

Aber DAS sei **nicht** die Intention dieser Sammlung an Kölner Graffiti-Aufnahmen.

Vielmehr sollen hier einige der Graffiti Resultate in Köln gewürdigt werden. Nein, nicht alle. Das wäre unmöglich. Auch nicht die auf Eisenbahnwaggons, welche täglich an uns vorbei fahren und nur für einen Moment ihr Dasein (in Köln) haben!

Nein! Graffiti, die versteckt, von mir entdeckt und oft bereits auch schon wieder verschwunden sind, kaum dass sie fotografiert wurden. Natürlich nicht nur an Häuserwänden, sondern auch an Eisenbahn-Unterführungen, in dunklen Ecken und Verstecken. Oft von Unkraut überwuchert und schon neuem Wohnraum Platz machend.

SIE sind es, die hier, natürlich ganz subjektiv, ausgewählt und zu einer Anthologie zusammengestellt wurden!

„Jedes Graffiti schreit eine Geschichte!" (oder: Der Affe schreit: „ICH!")

Natürlich! Der Leser assoziiert hier sofort einen Druckfehlerteufel. Aber: Nein! Der Titel ist genau so gewollt und erdacht! Die Werke der Grafitti **SCHREIEN** den Betrachter ihre Geschichten zu. Wer hinschaut, zuhört und sie versteht, wird vieles erfahren. Gleich einem Storyteller, sind sie Erzähler ihrer ganz eigenen, und dabei immer ganz individuellen Geschichten.

Viele Menschen tragen ihre Geschichten auf der Haut, als Tätowierung. Der Kinderbuch-Autor **Paul Maar**, hat einmal ein Buch mit dem Titel *„Der tätowierte Hund"* veröffentlicht. Darin erzählt ein Hund, voller Tattoos, den Zuhörern immer jeweils eine Geschichte zu dem dazu gehörenden Bild auf seiner Haut.

Mich hat dieses wunderbare Buch schon damals, in meiner Ausbildung zum Erzieher, und noch bis zum heutigen Tage, fasziniert.

Ähnlich gibt es dann auch diesen *„Quilt".* Im amerikanischen Liebesfilm *„How to Make an American Quilt"*, mit **Winona Ryder**, wurde dieses Prinzip des Erzählens in die völlig verschiedenen Bilder einer Steppdecke eingenäht. Jedes Bild, als Teil einer großen Gesamt-Geschichte von einer Näherin zur anderen weiter erzählt!

Die kluge *Scheherazade*, aus **1001 Nacht**, könnte dabei vor allem als Quelle und Ursprung, ja, somit als ausgehender Leitgedanke, genannt werden.

„Schön ist eigentlich ALLES, was man mit LIEBE betrachtet!"
CHRISTIAN MORGENSTERN

Aber WAS Schönheit ist, das liegt bekanntlich auch immer im Auge des Betrachters! Die Auswahl der Fotos, natürlich innerhalb mehrerer Jahre entstanden, ist versuchsweise „ästhetisch" angelegt. Mit anderen Worten: sie haben keinen „Wissenschaftlichen" oder „Fotografischen" (perfekten) Anspruch.

Wer sich detaillierter mit dem Genre des Graffitis auseinandersetzen möchte, sollte auf jeden Fall auch mindestens einmal in der weltweit für alle frei zugänglichen Enzyklopädie **WIKIPEDIA** vorbeischauen. Hier wird man erfahren, dass Graffiti NICHT nur wild „Gesprühtes" bedeutet, sondern dass es vom Comic, über die Grafik bis zum Eingeritzten noch viel mehr Varianten von Graffiti-Umsetzungen geben kann.

Die Intentionen der Macher sind also genauso vielfältig, wie ihre individuelle Verarbeitung und ihrer fertigen Ergebnisse!

Die Auswahl ist also vom Gefühl, von der Stimmung her, vorgenommen. Eine Sammlung aus Graffiti, in Form von bunten, hauptsächlich POSITIV gestimmten Grundemotionen!

"It's better to keep your mouth shut and appear stupid than to open it and remove all doubt!"

MARK TWAIN

Ein Jeder von uns kennt wohl den Spruch: *„Narrenhände beschmieren Tisch und Wände!"* Natürlich wäre es bei vielen Akteuren besser gewesen, wenn **sie** sich nicht verewigt hätten.

Der Eine oder Andere Graffiti-Künstler, der auf Wände geschrieen / geschrieben hat, „outet" sich ja immer auf unterschiedlichste Weise. Die Liebe zu Köln wurde auf vielen Bildern verewigt und auch die Liebe zum „Einzigen" (geliebten) Menschen in präzisen Vornamen, wie Laura, Carla, Leonie, etc.

Oft sind es aber ganz einfach Unzulänglichkeiten, mit denen sich ihre Macher äußern, wie etwa beim Garagentor (Seite 20), hier ist es „nur" die Rechtschreibung. In diese Ebene „Schmiererei" passt dann wohl Twains Ausspruch (s. Überschrift)! - Evtl. auch das „Ich" (Seite 10) am Aachener Weiher!

Andererseits gibt es auch Überraschungen, wie beim Schmetterling (Seite 20), wo sich die Männlichkeit erst beim zweiten Hinschauen ergänzt! Zufälligkeiten, wie das Schiff (Seite 14) in der abblätternden Farbe einer Hauswand, oder die Integration der Stein-Schraffierung auf der letzten Seite, immer gibt es: Kunst! Gewollt oder zufällig!

Die Künstler kommen von überall (Berlin, Frankreich, Spanien, USA) nach Köln und verewigen sich hier!

Bemerkenswertes und Besonderes sind dann beispielsweise: die Gestaltung einer Bahn-Unterführungs-Nische zur Wallfahrtstätte „La Virgen del Perro Marron" (Seite 15).

Wie auch immer, ein Jeder wird Anderes für sich entdecken und bevorzugen. So oder so: viel Freude mit diesem Fotobildband!

Die Sonne lacht also nicht nur aus den gesprühten Texten, sondern hoffentlich auch immer aus den jeweiligen Bildseiten! Somit wünsche ich Ihnen oder Dir, immer einen das Gefühl **positiv** ansprechende Unterhaltungs- und Erfahrungsmoment!

Ihr / Dein

Josef Mahlmeister

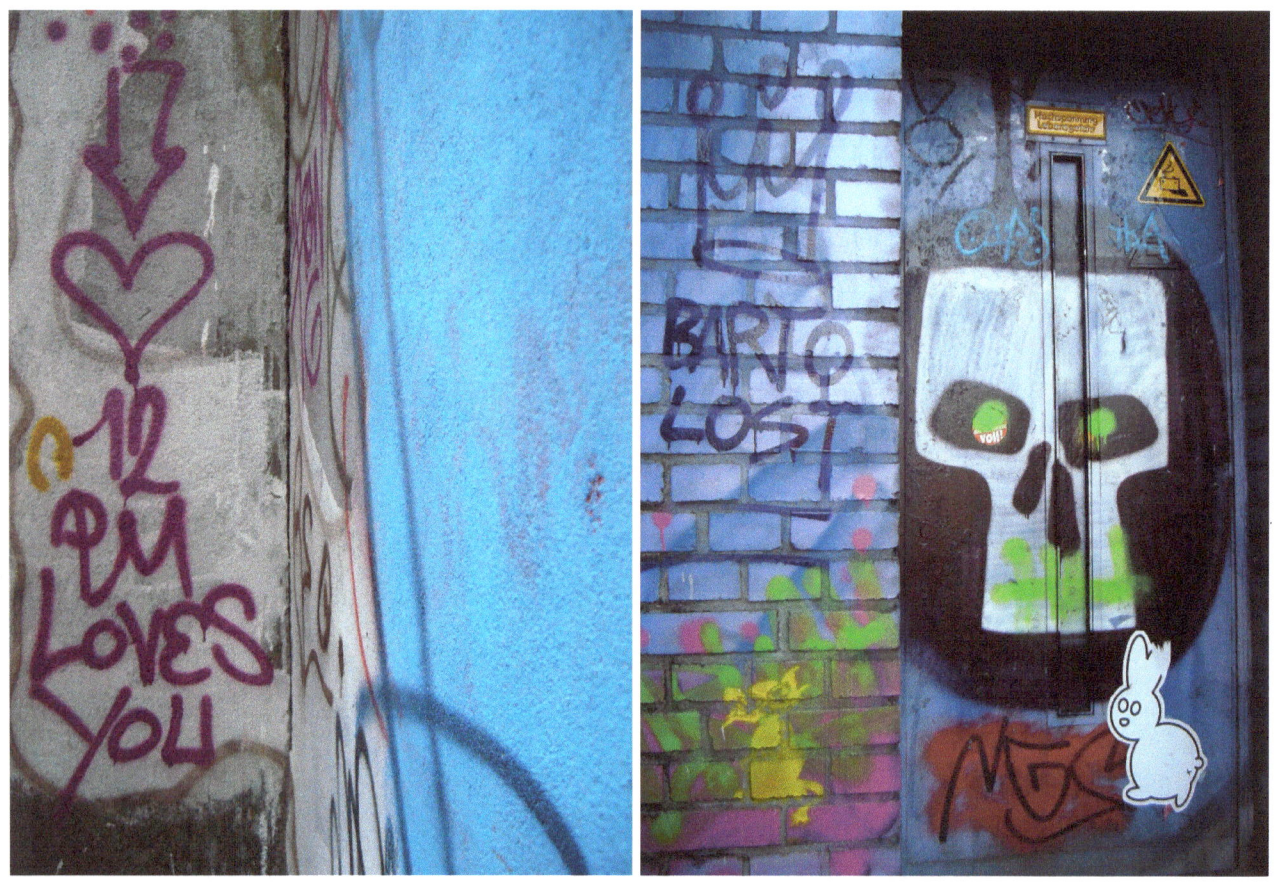

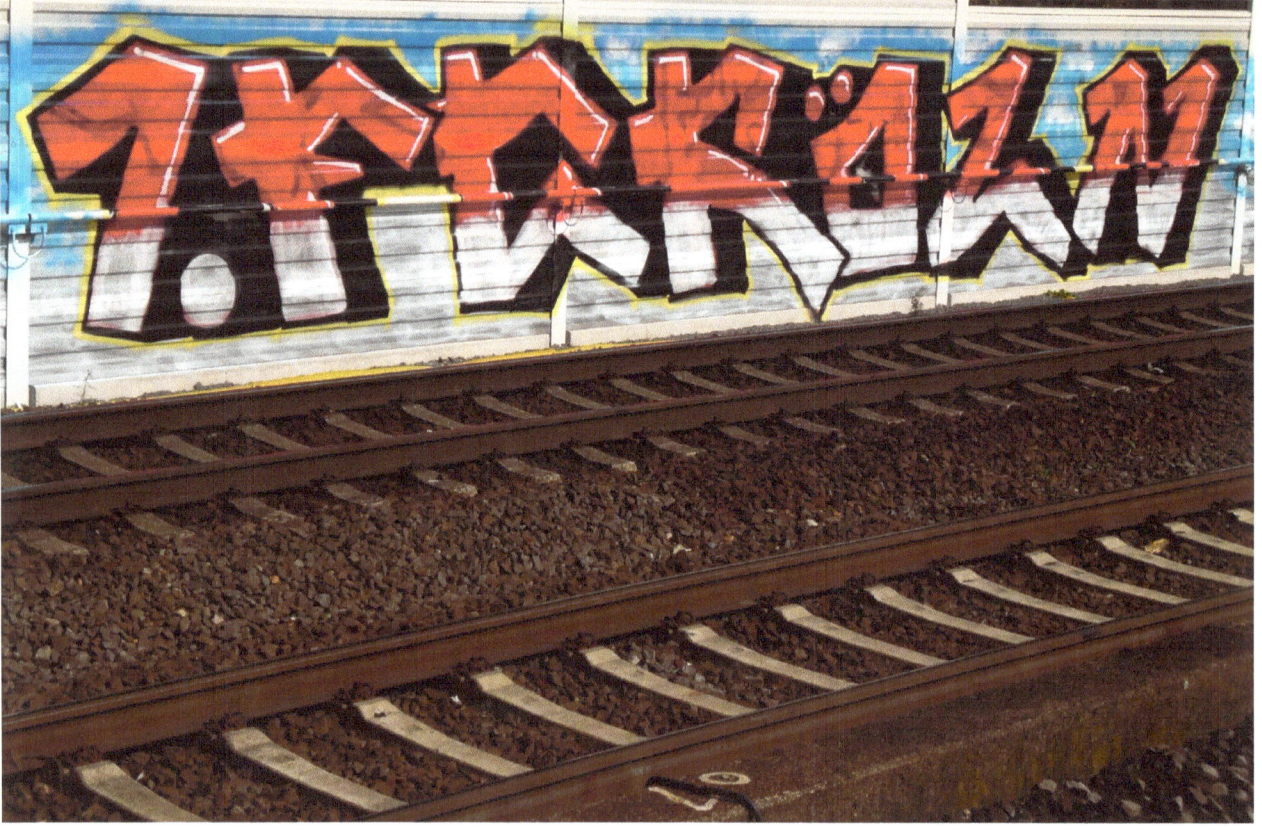

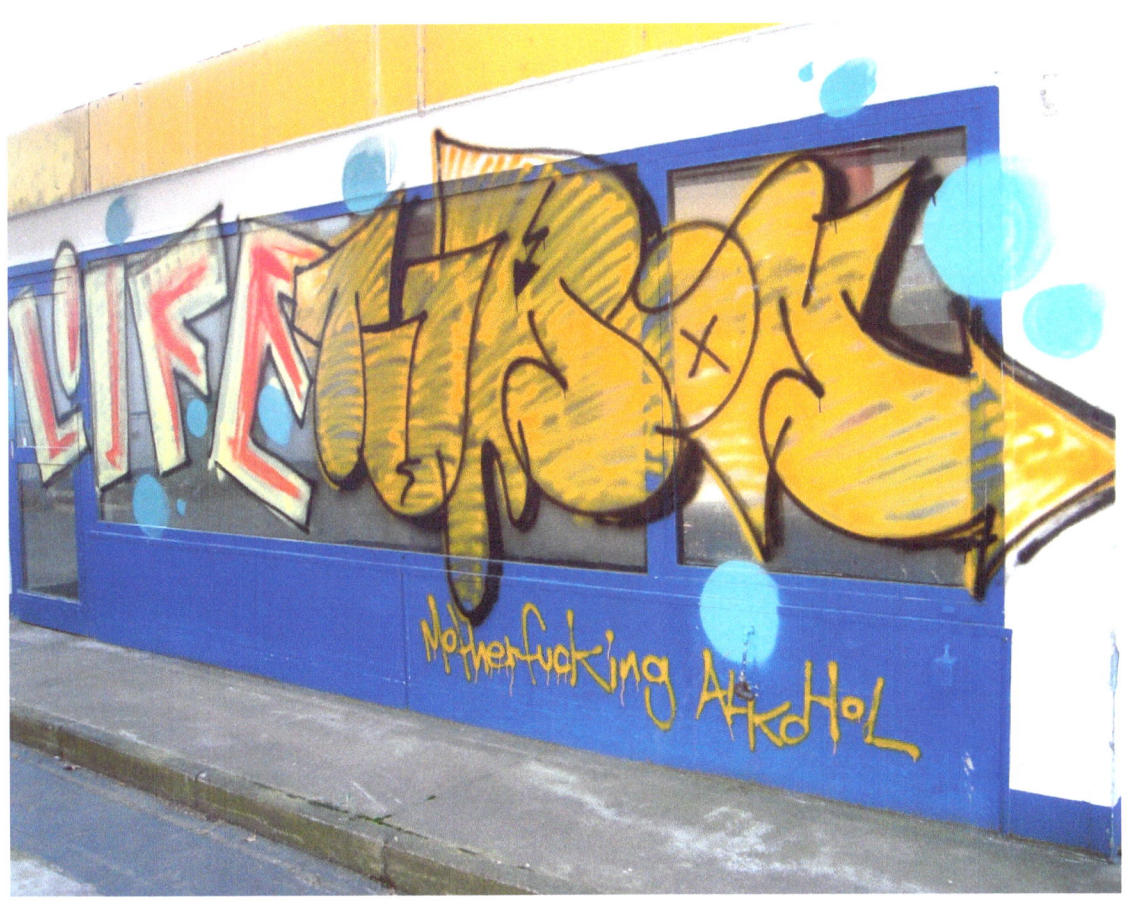

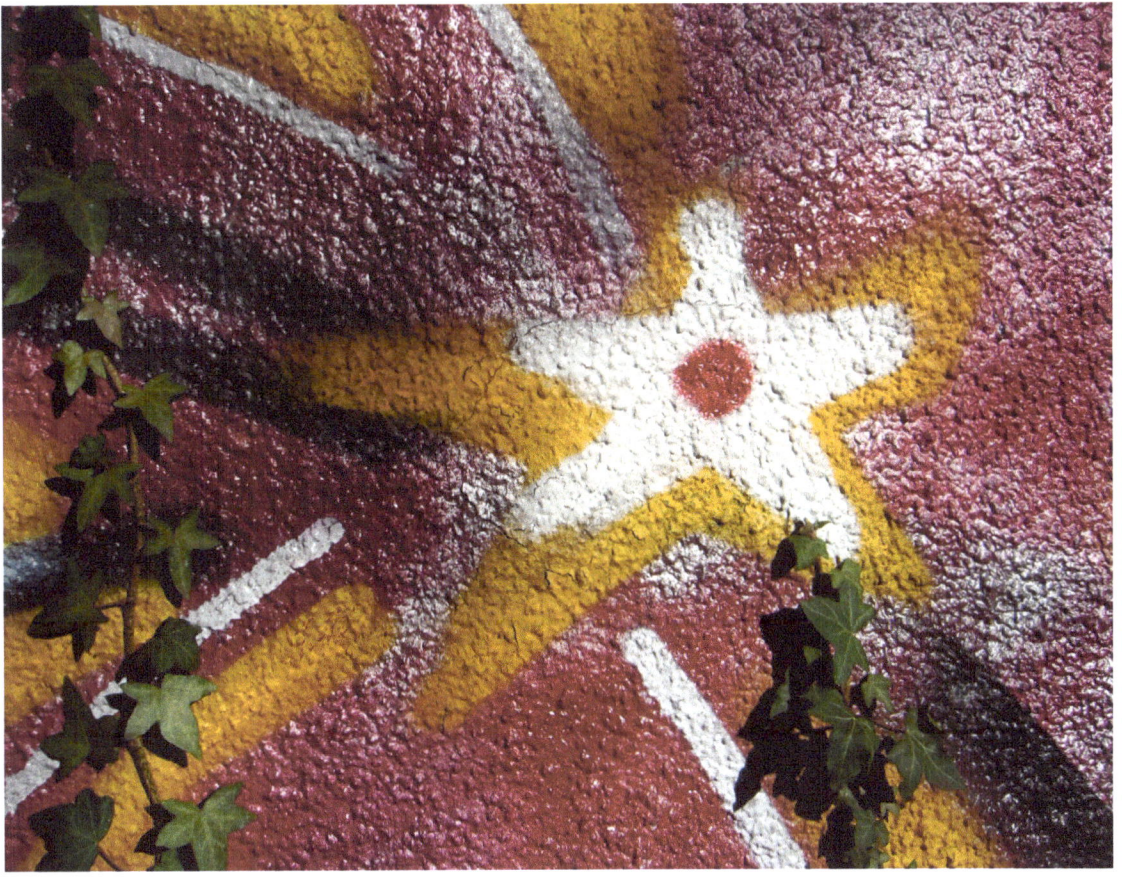

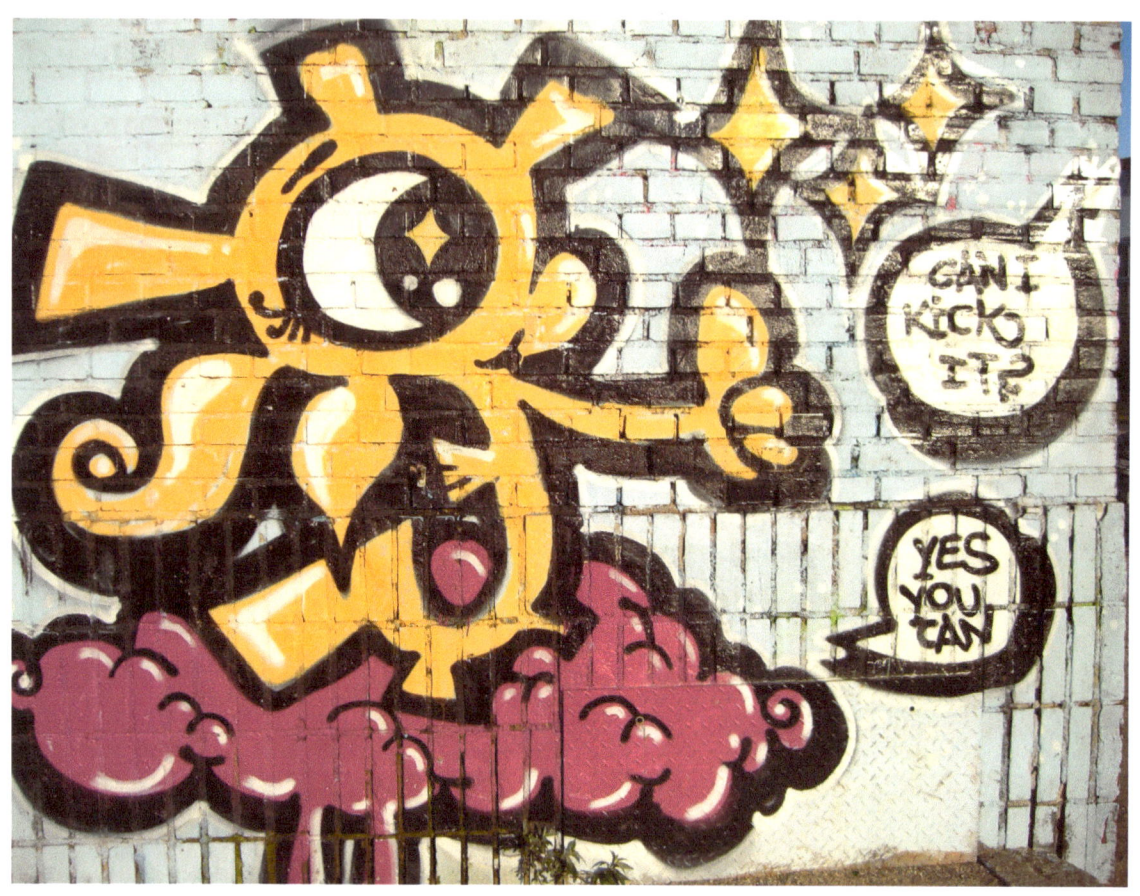

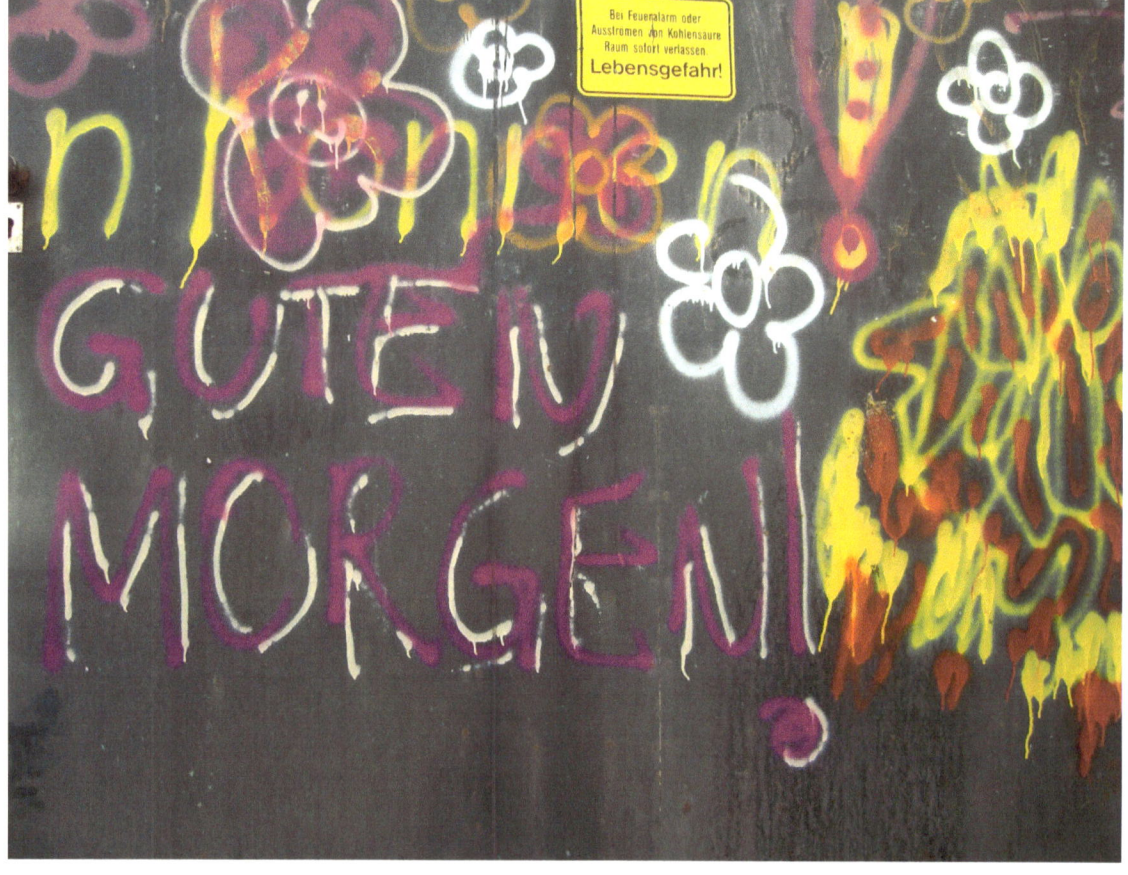

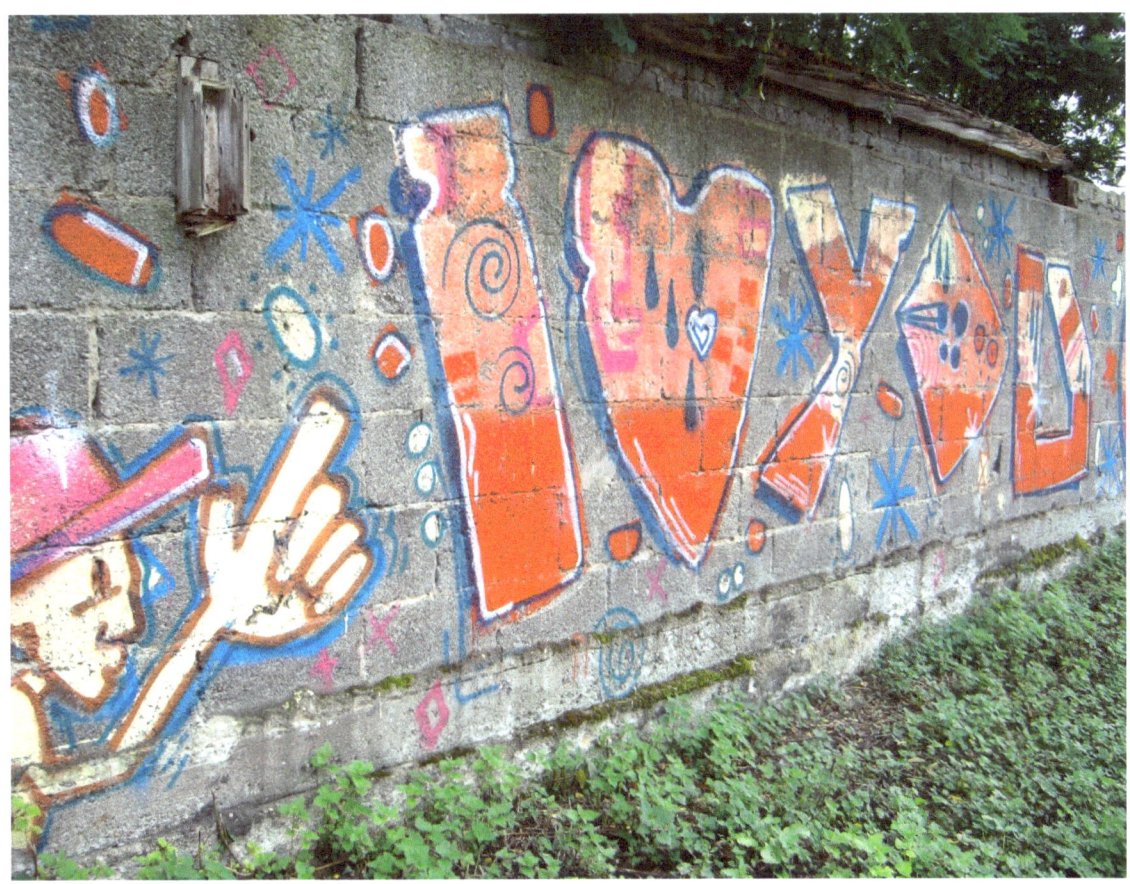

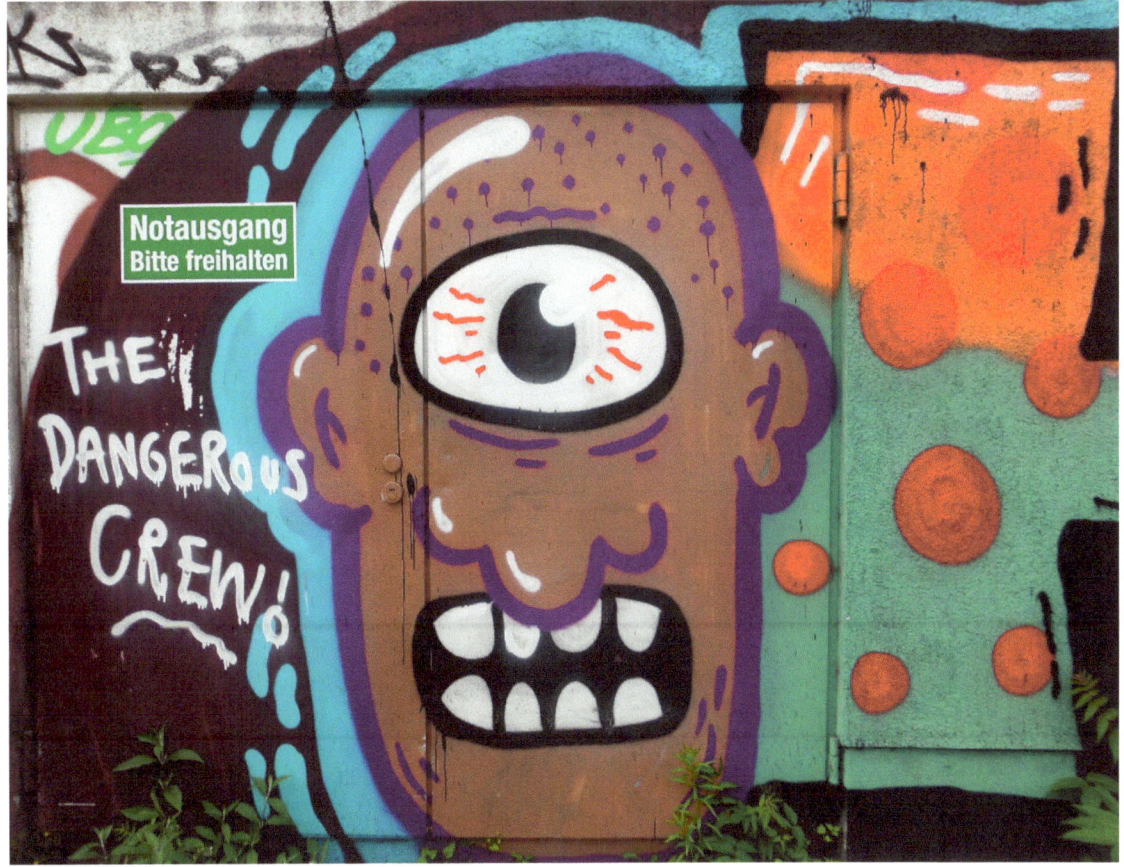

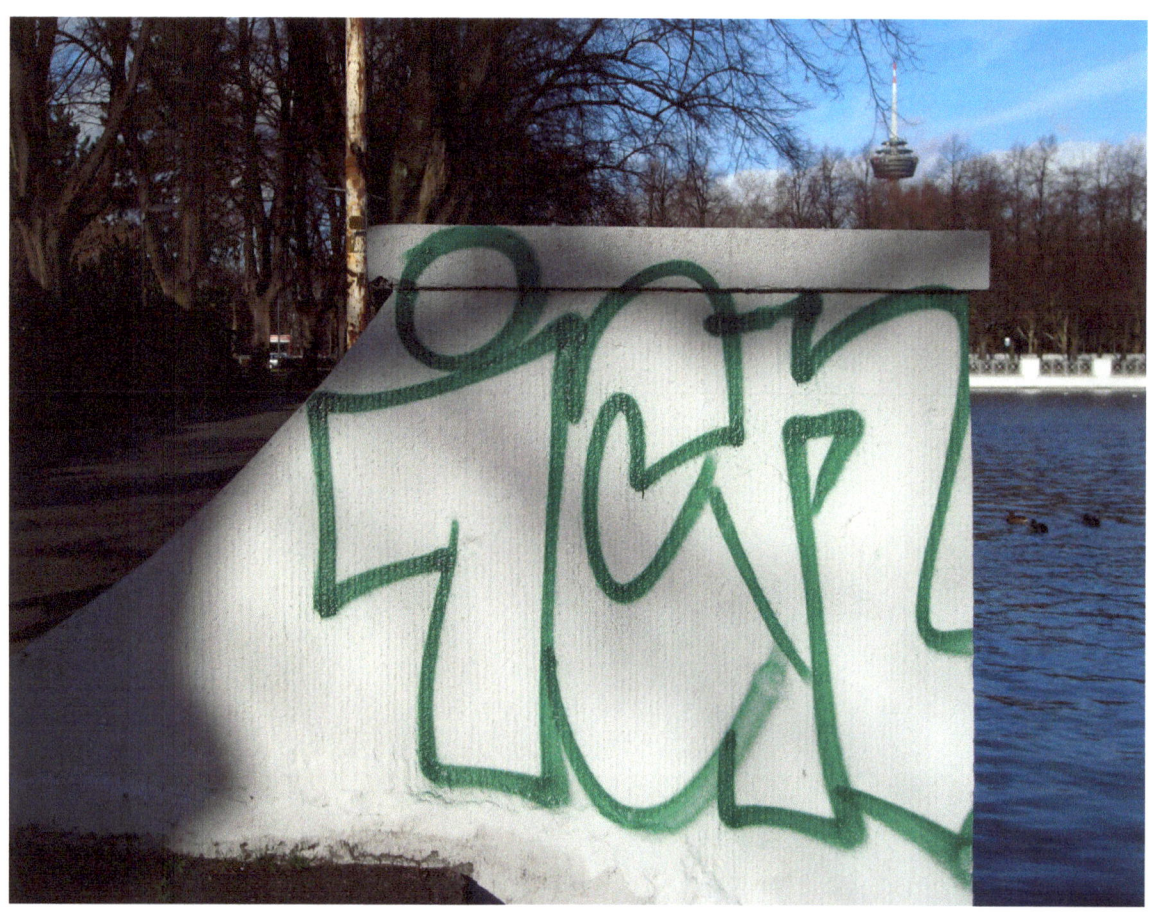

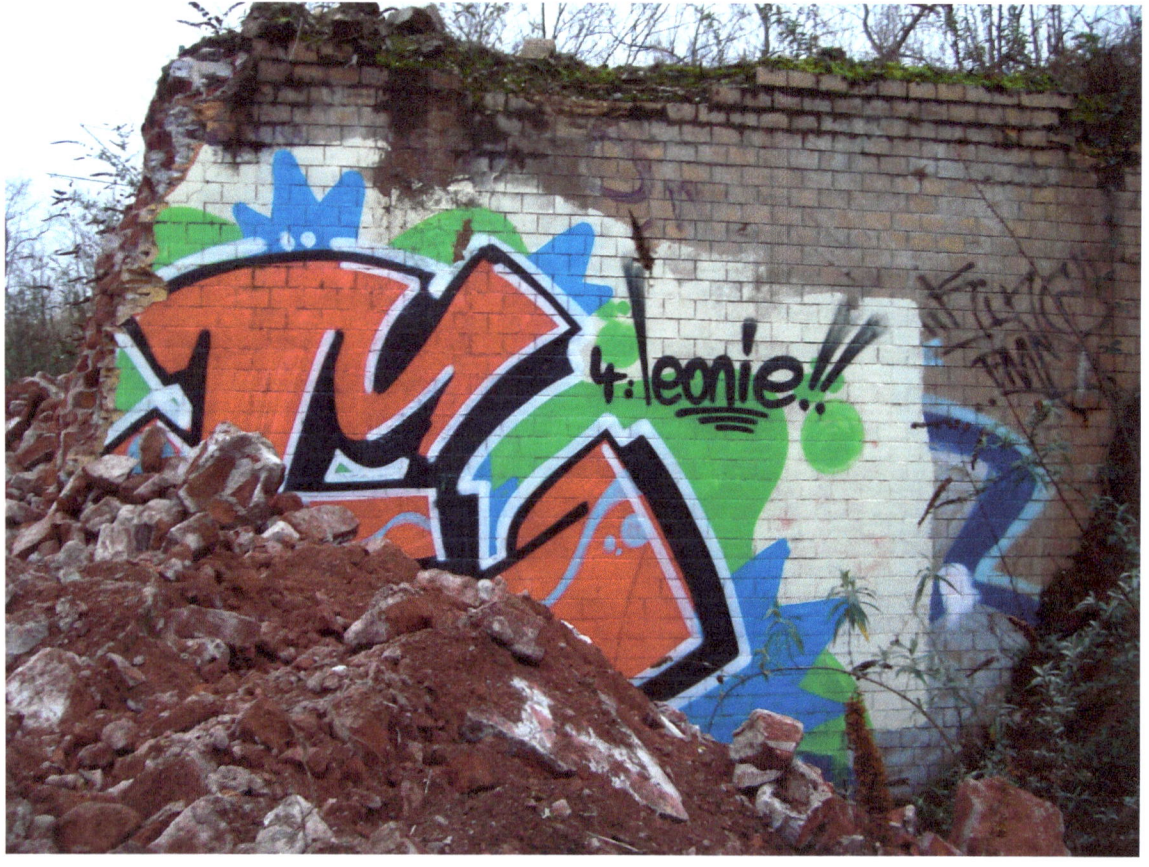

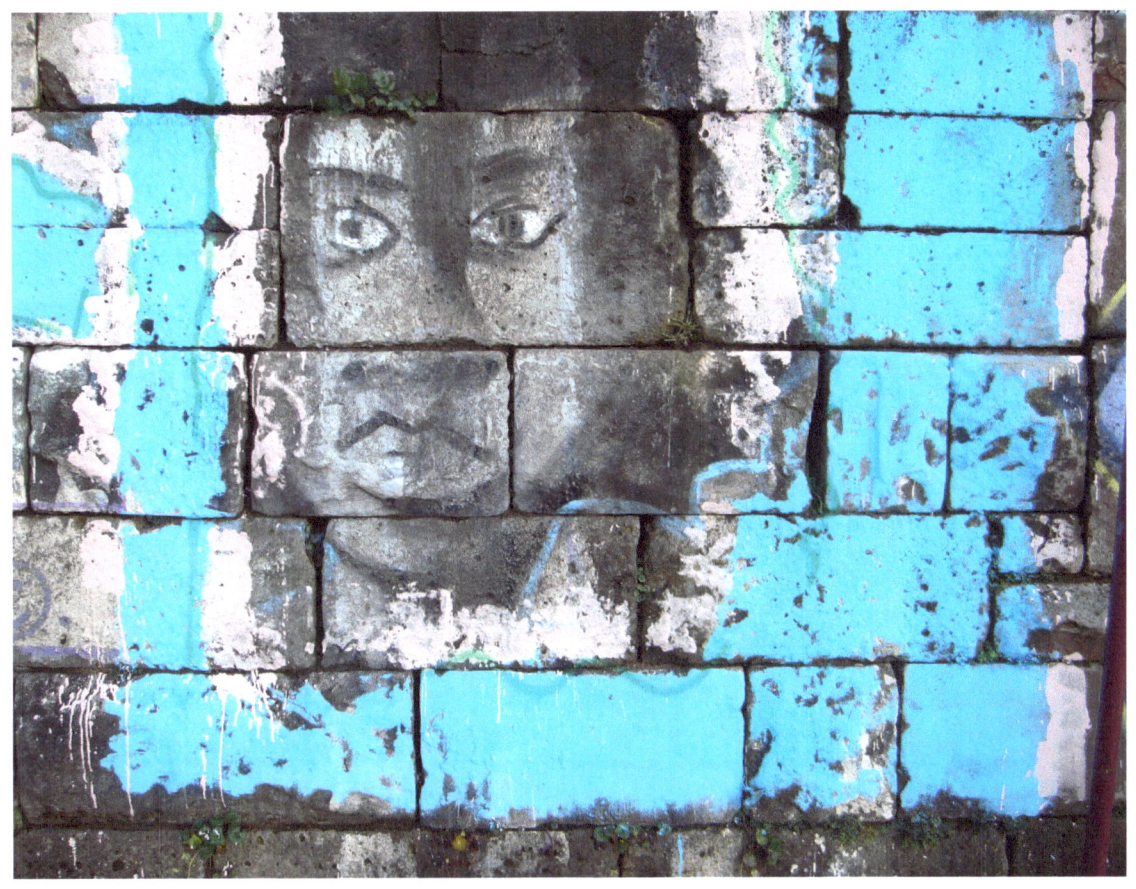

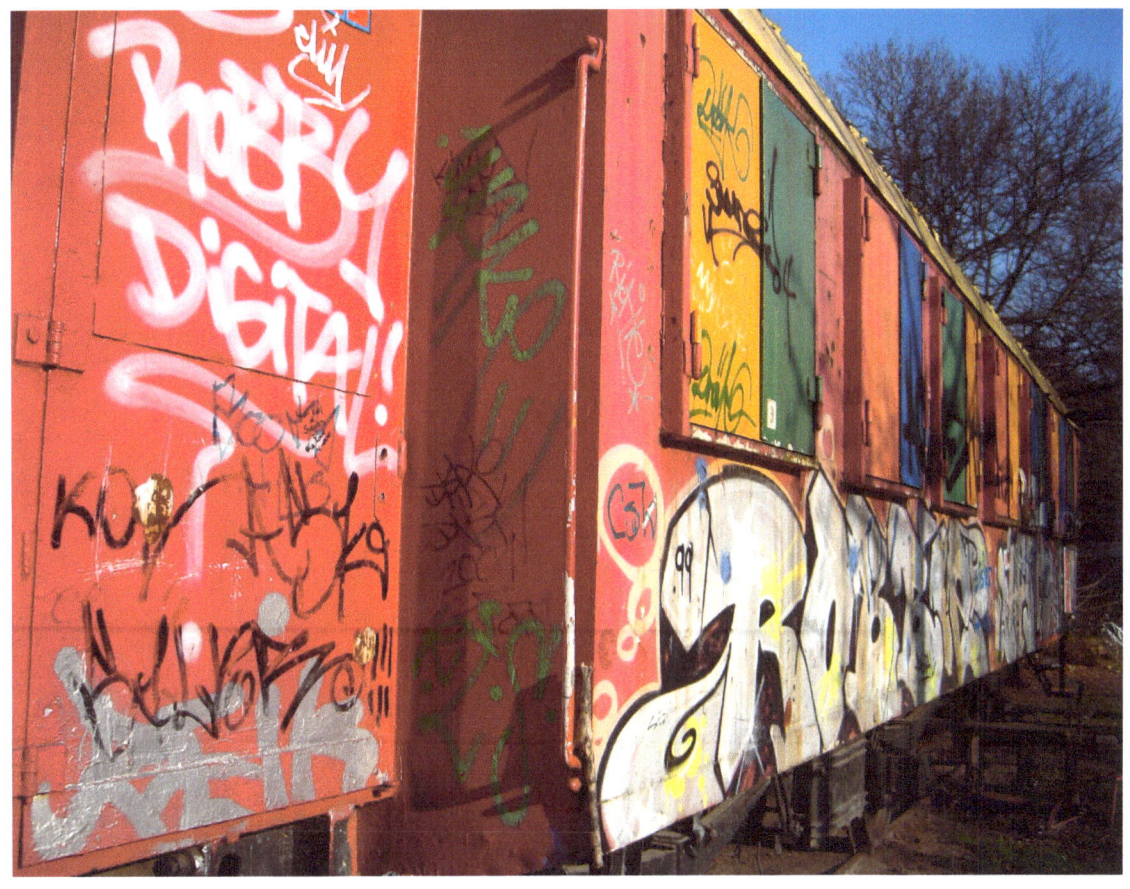

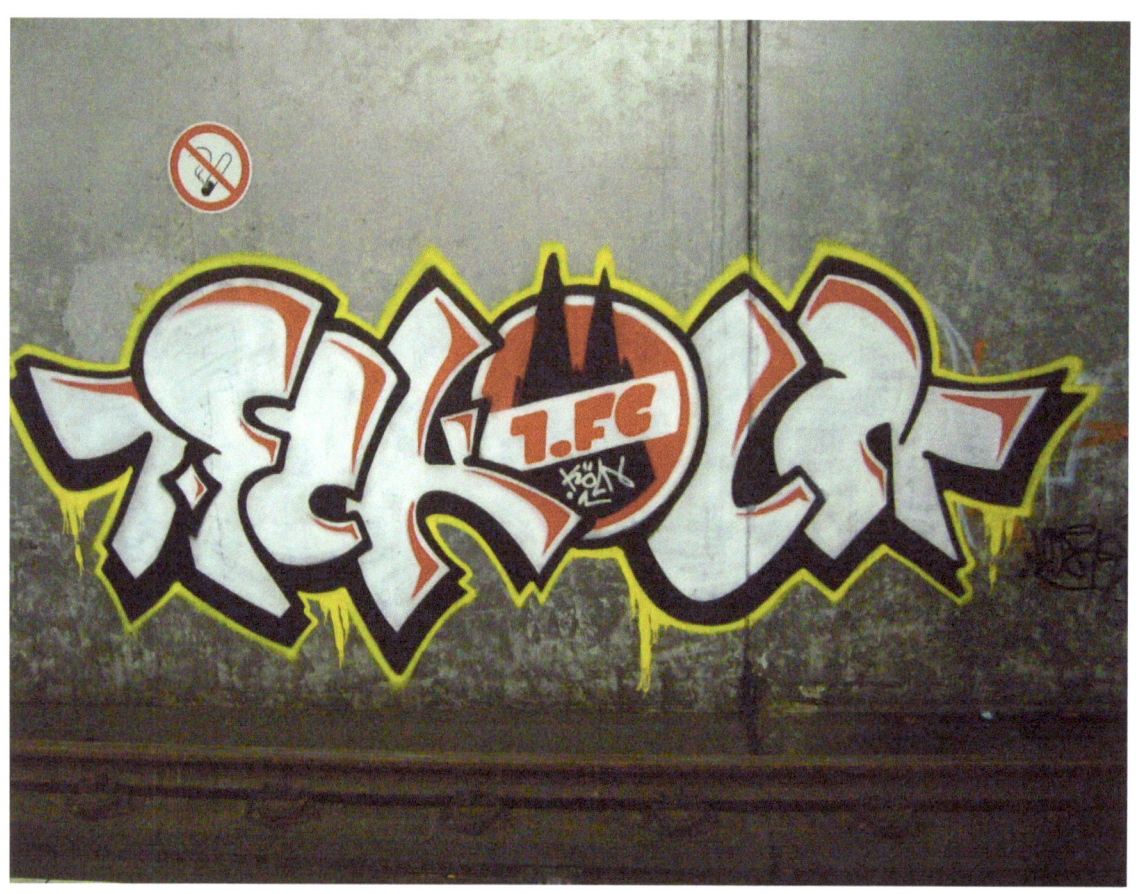

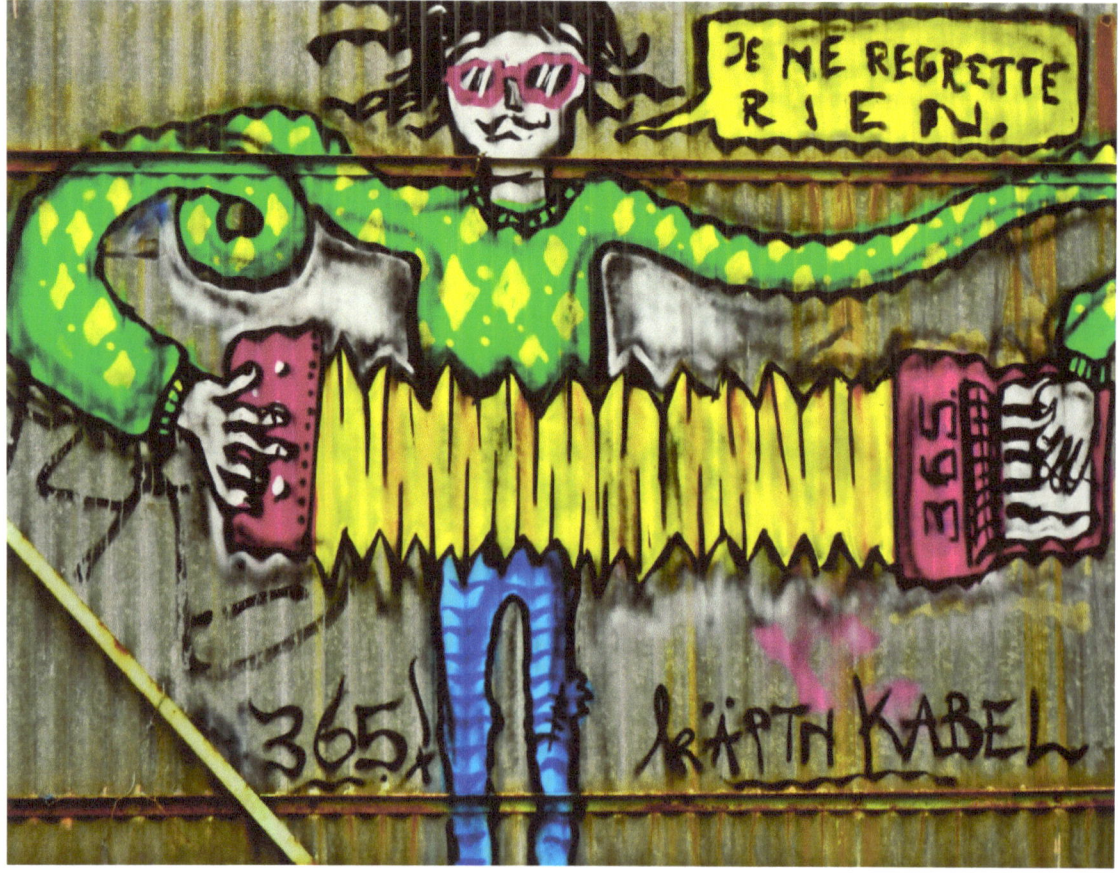

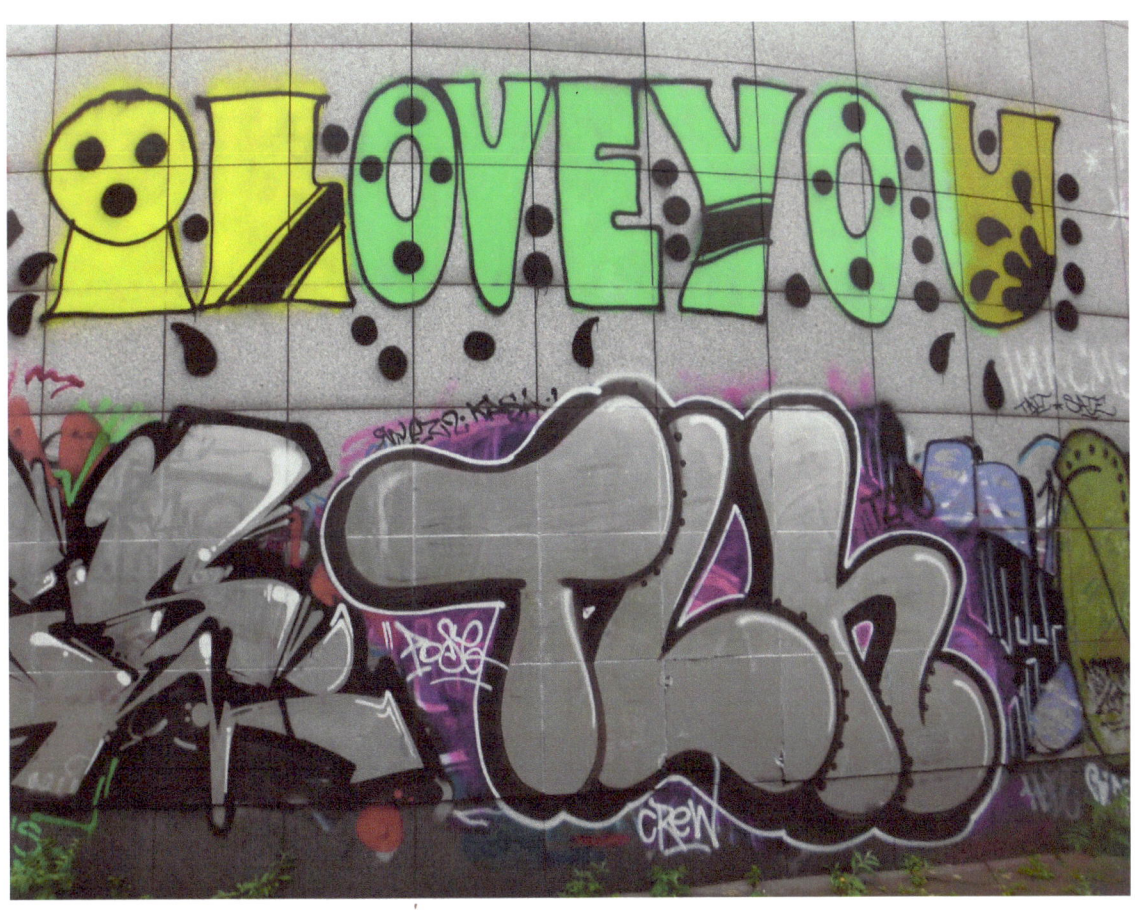

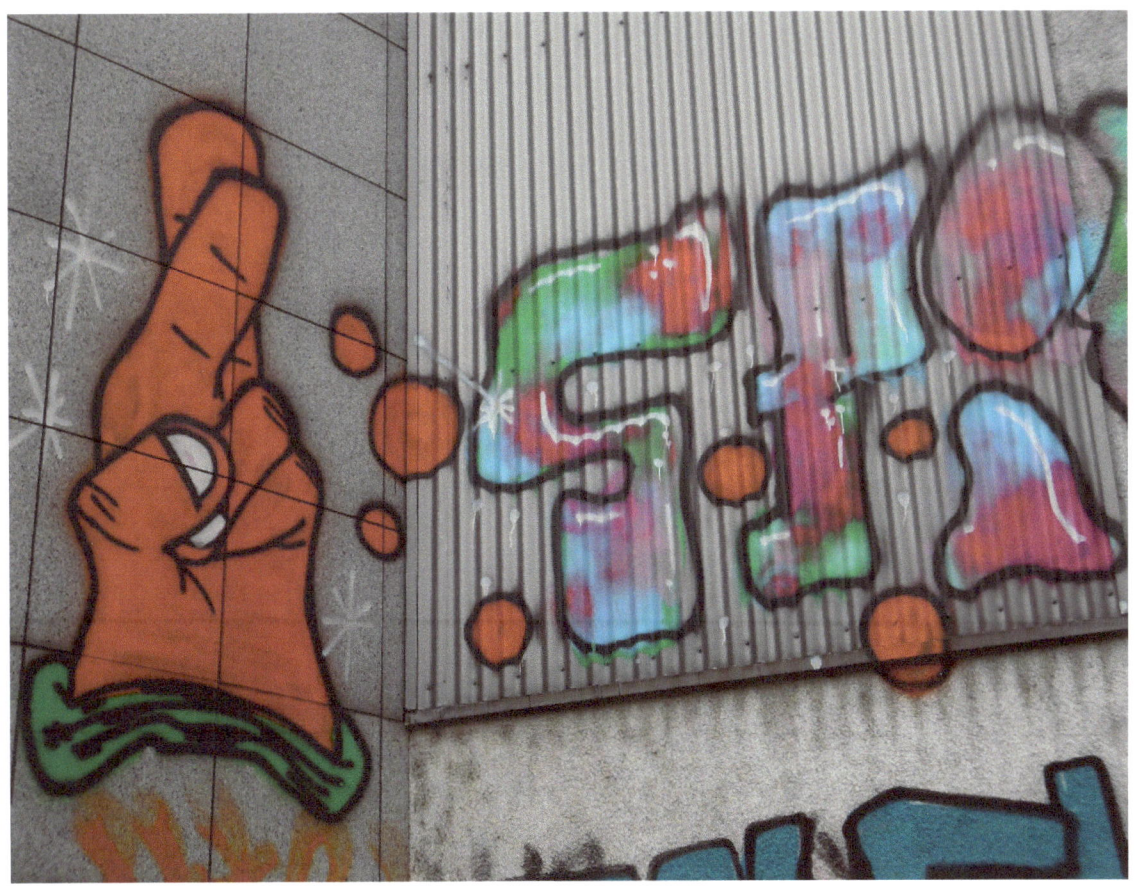

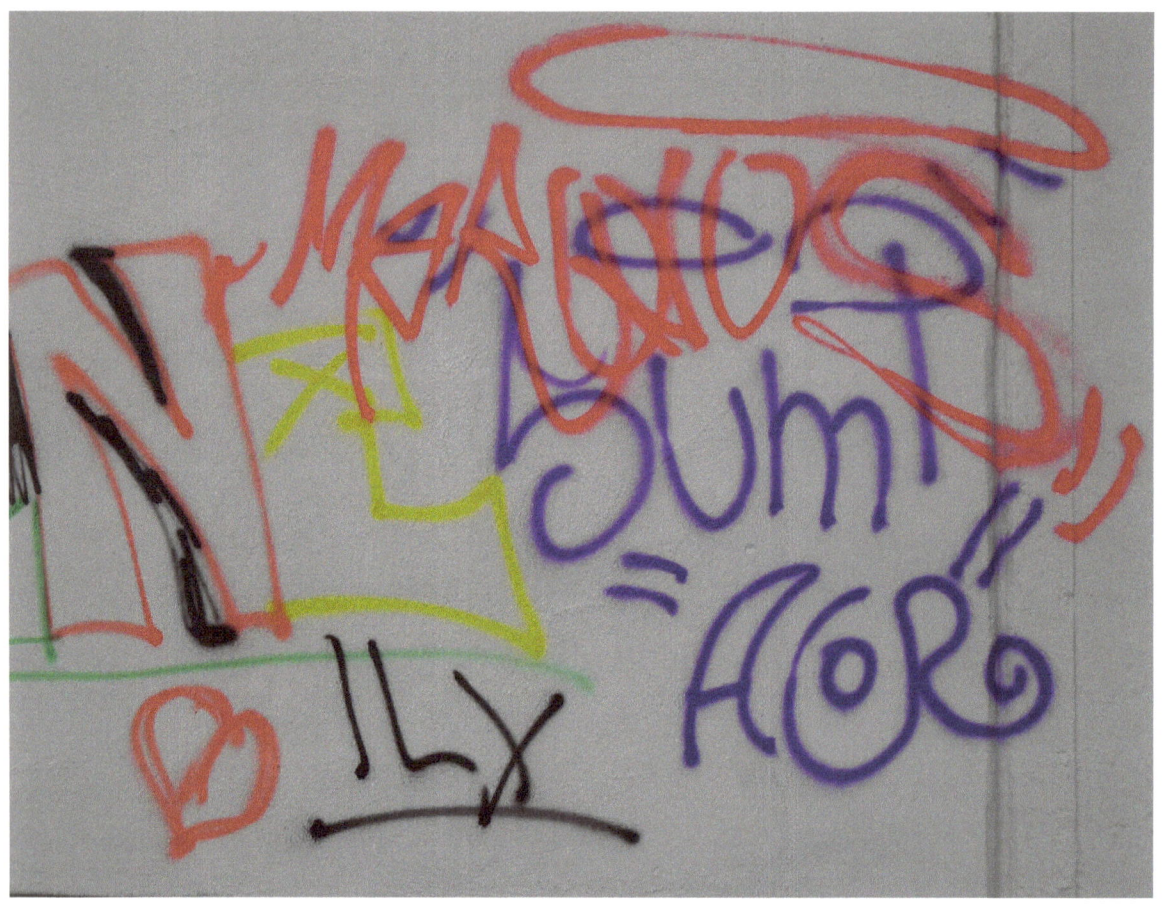

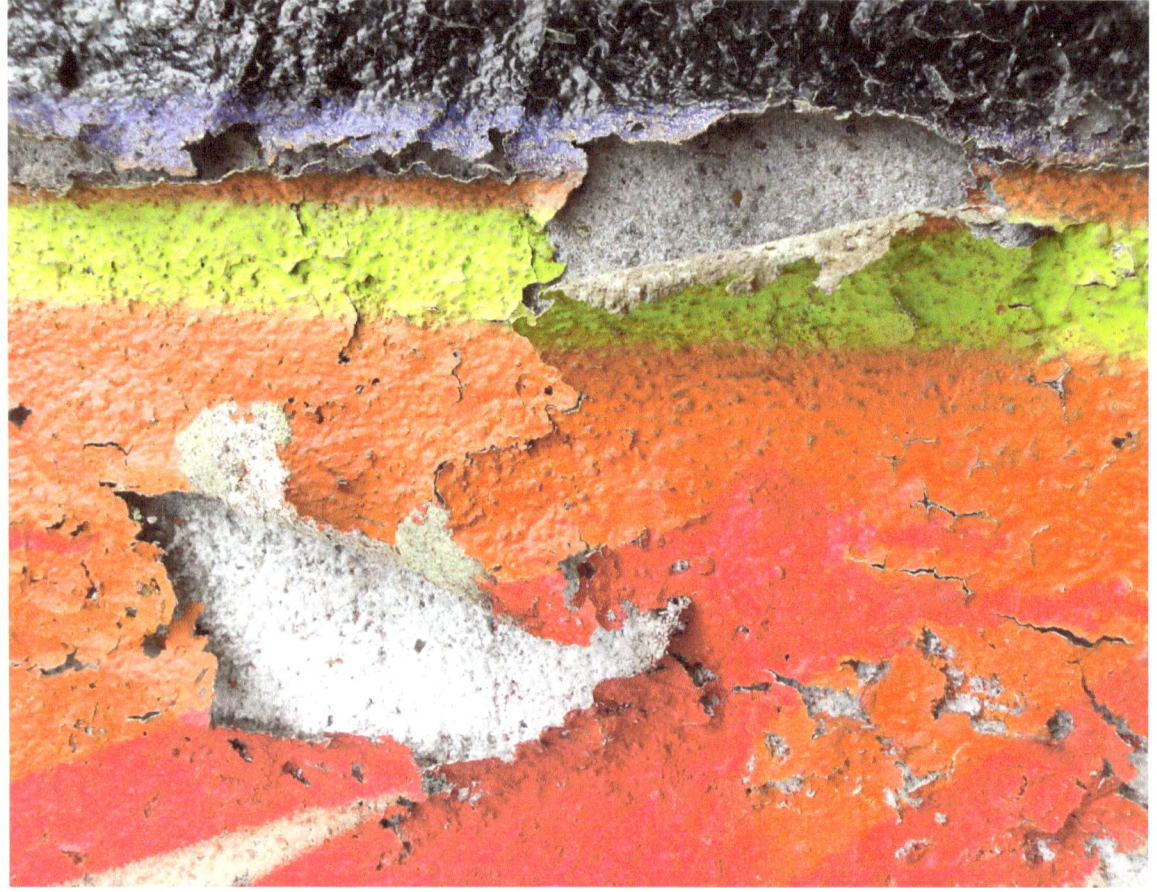

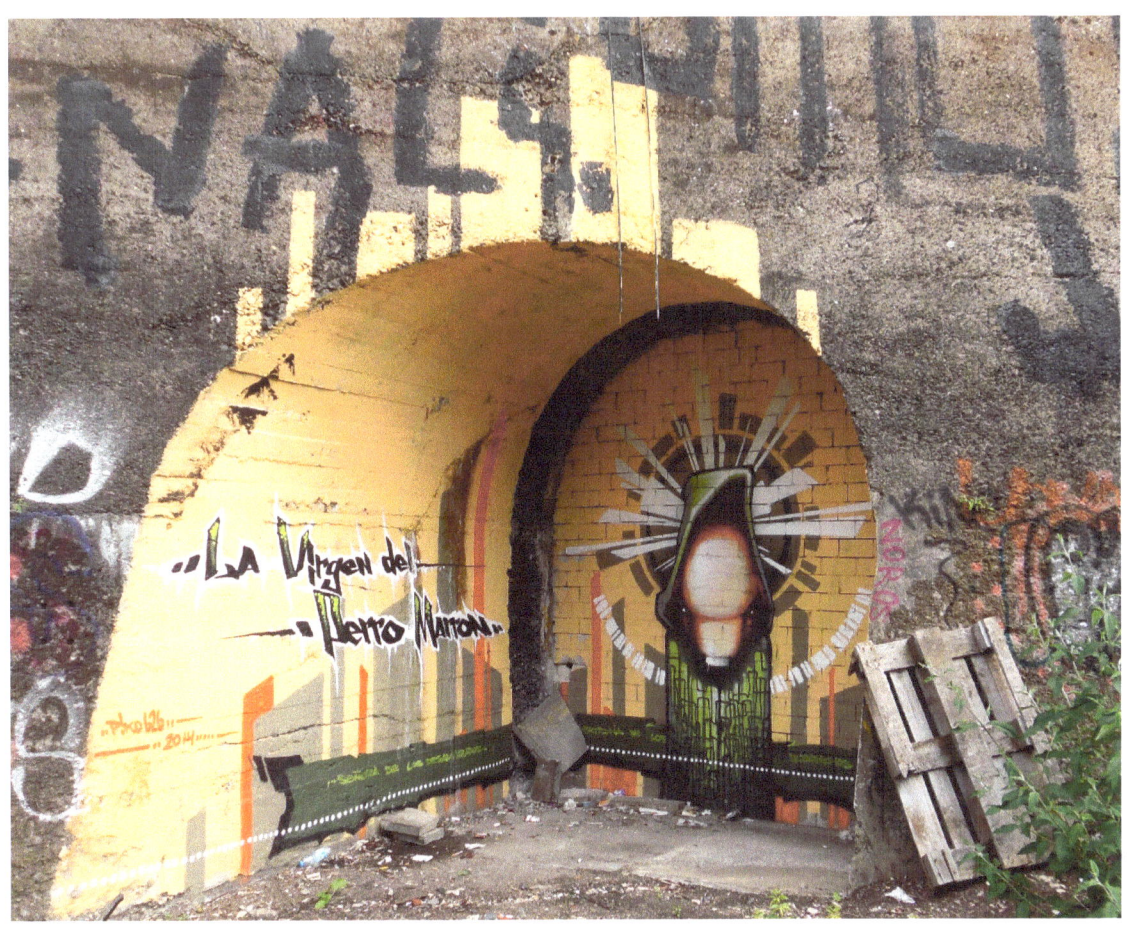

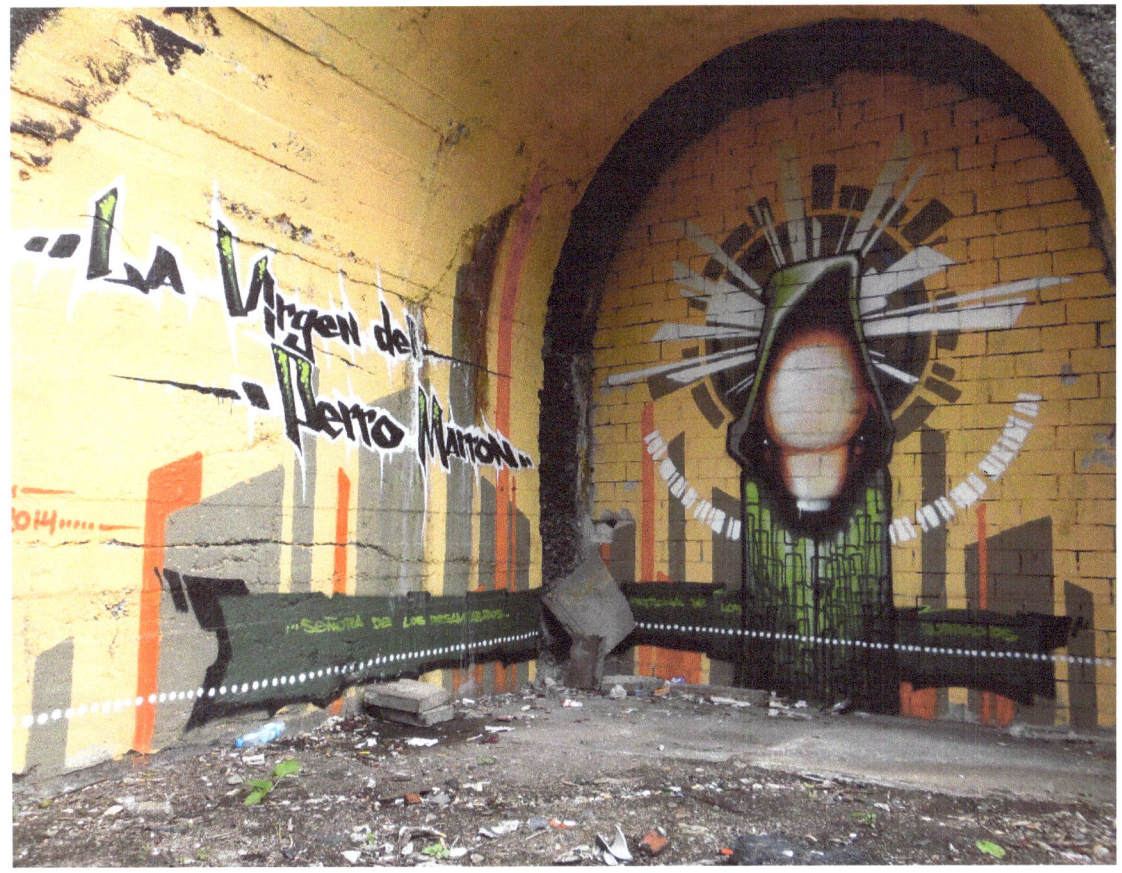

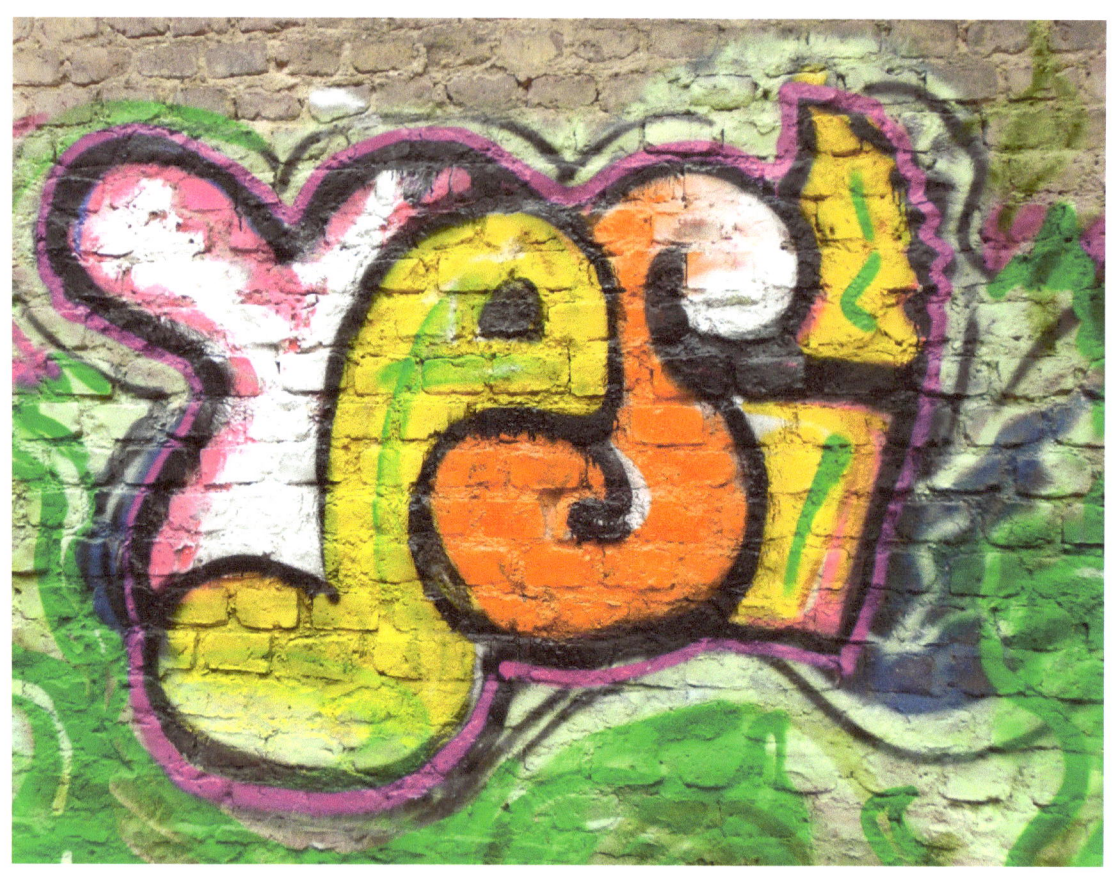

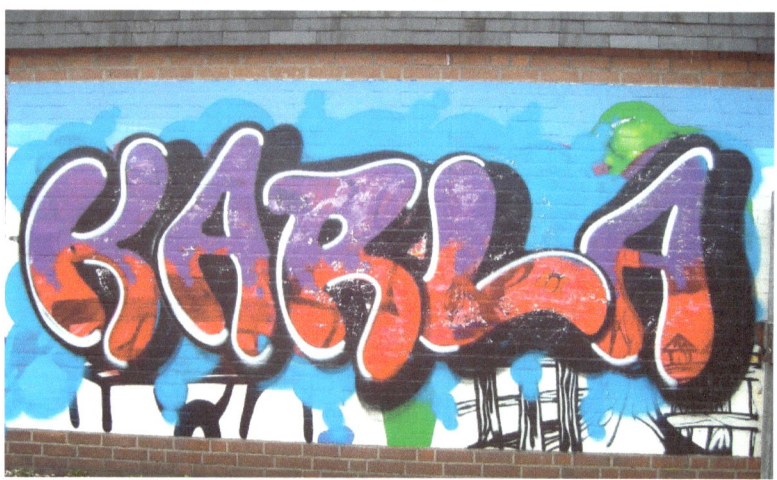

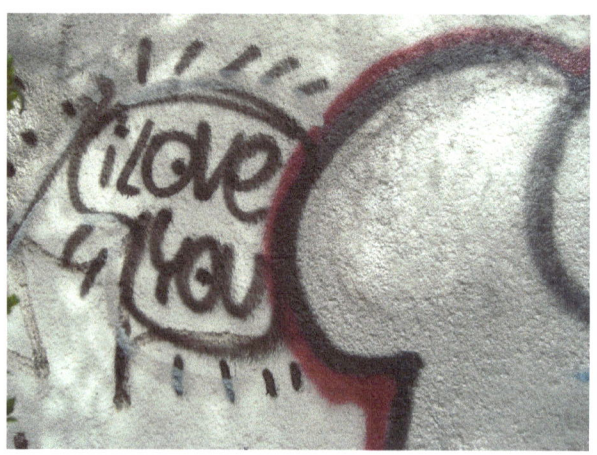

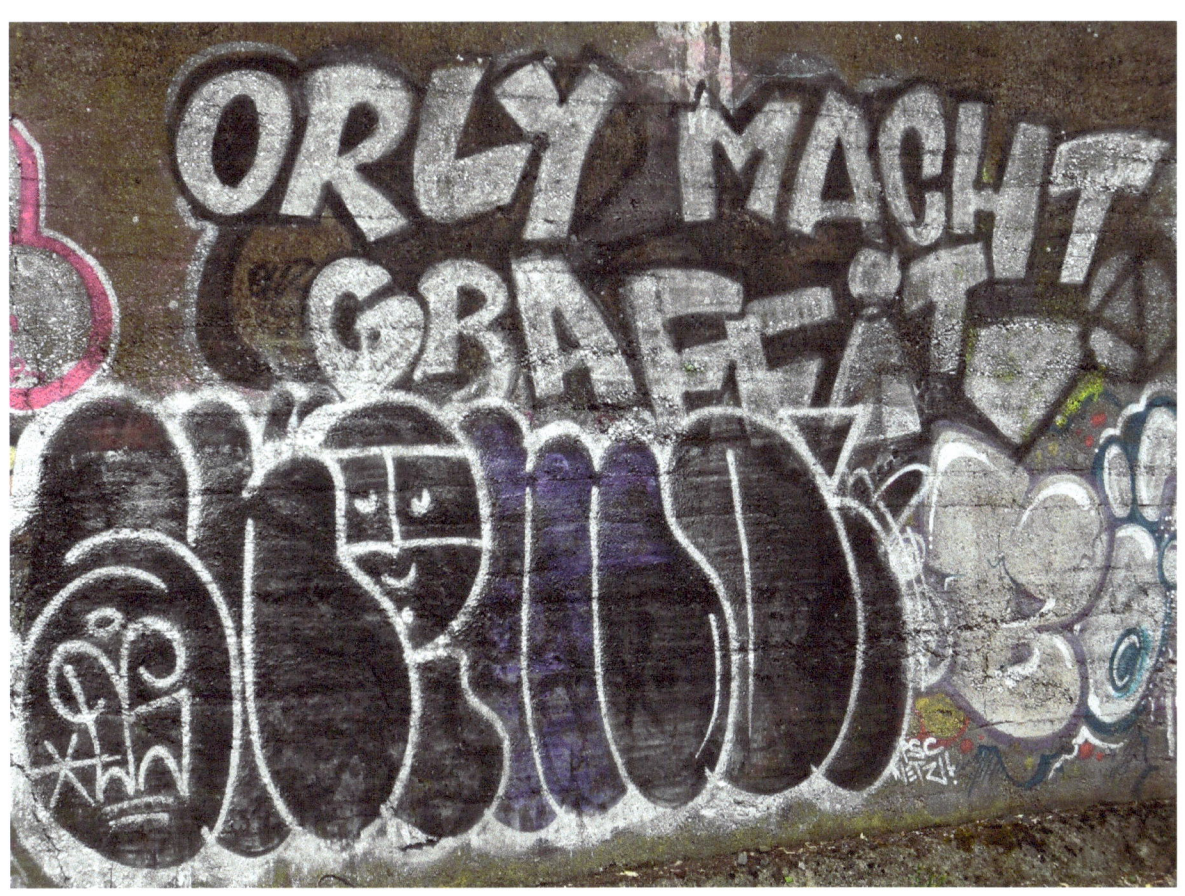

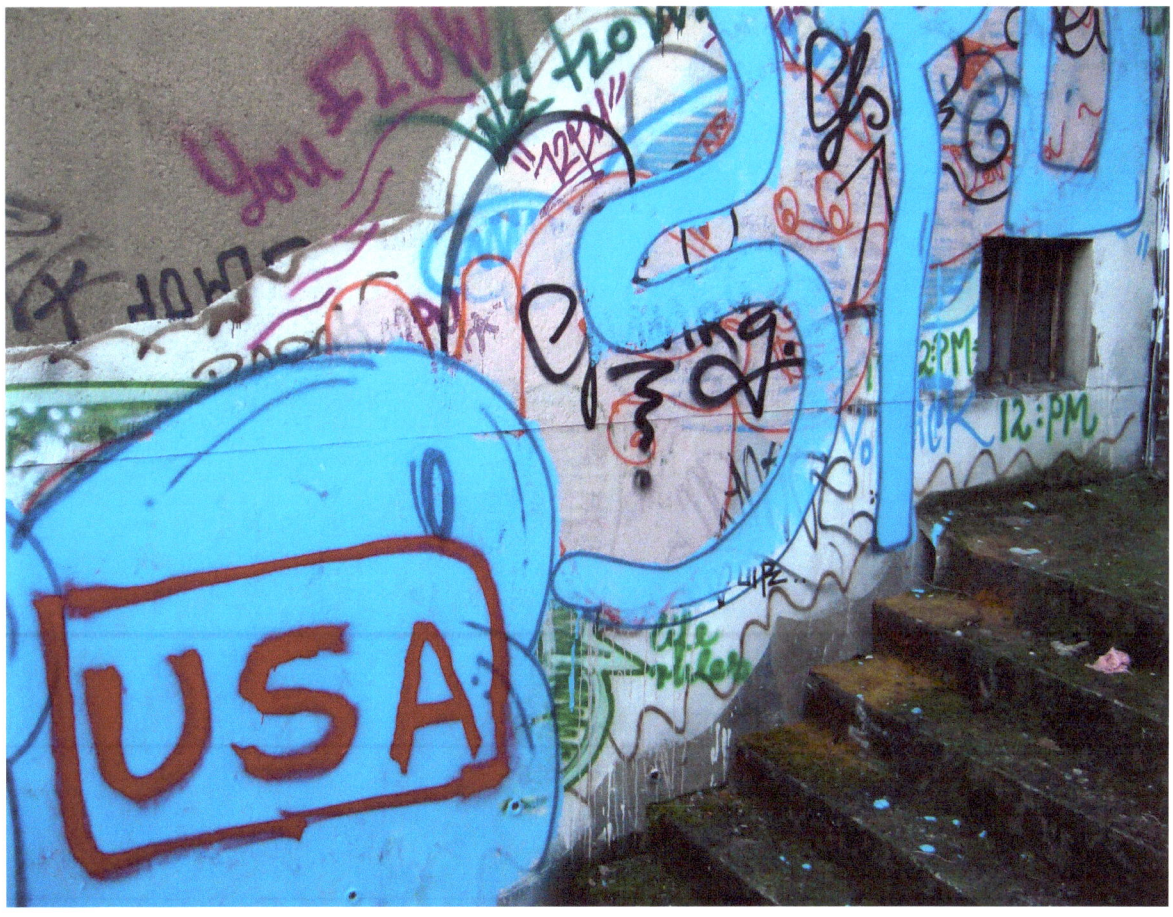

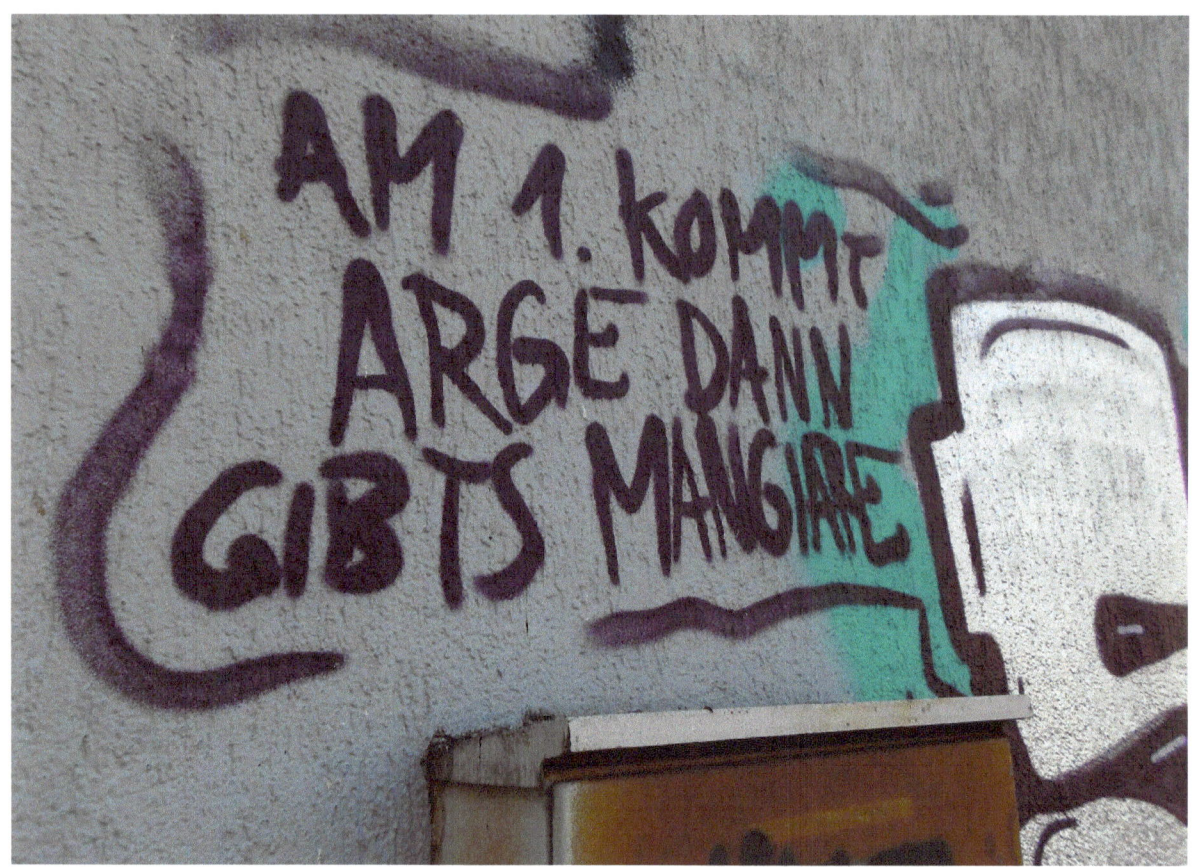

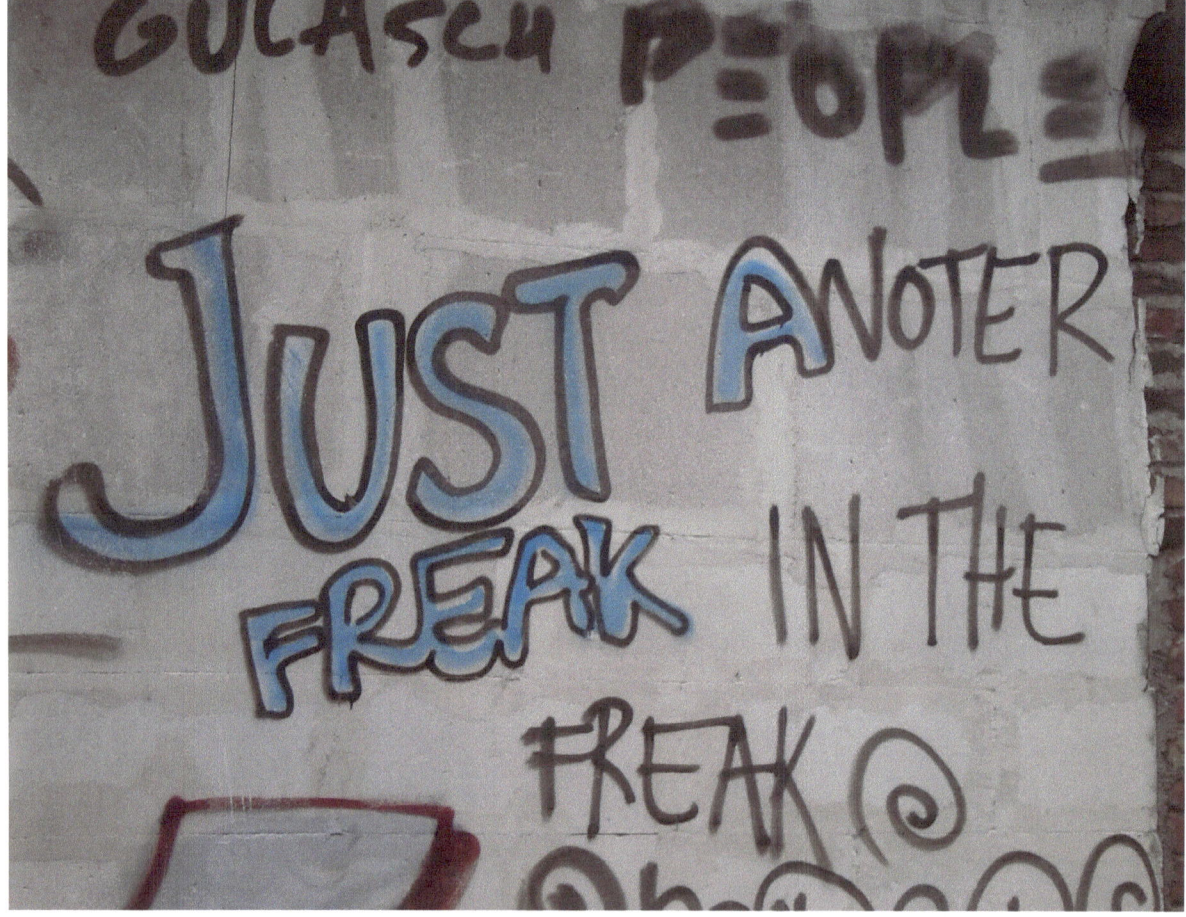

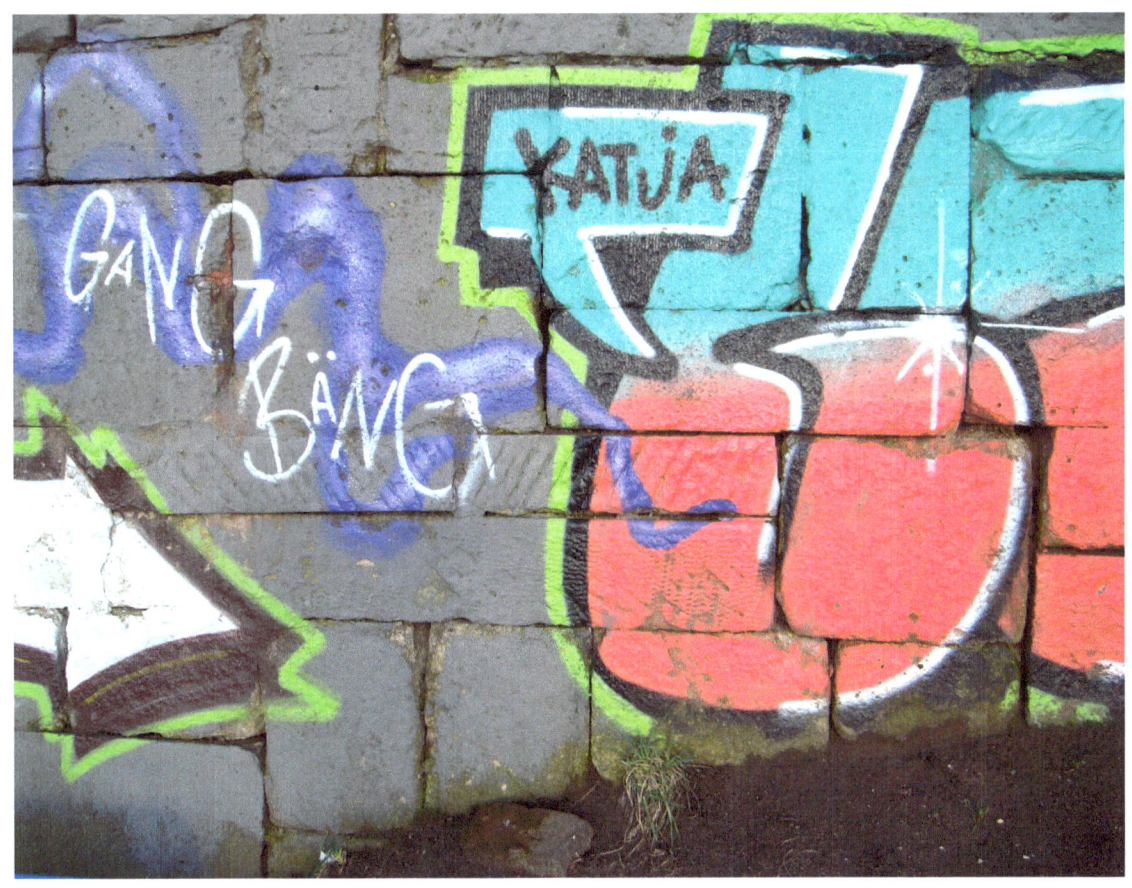

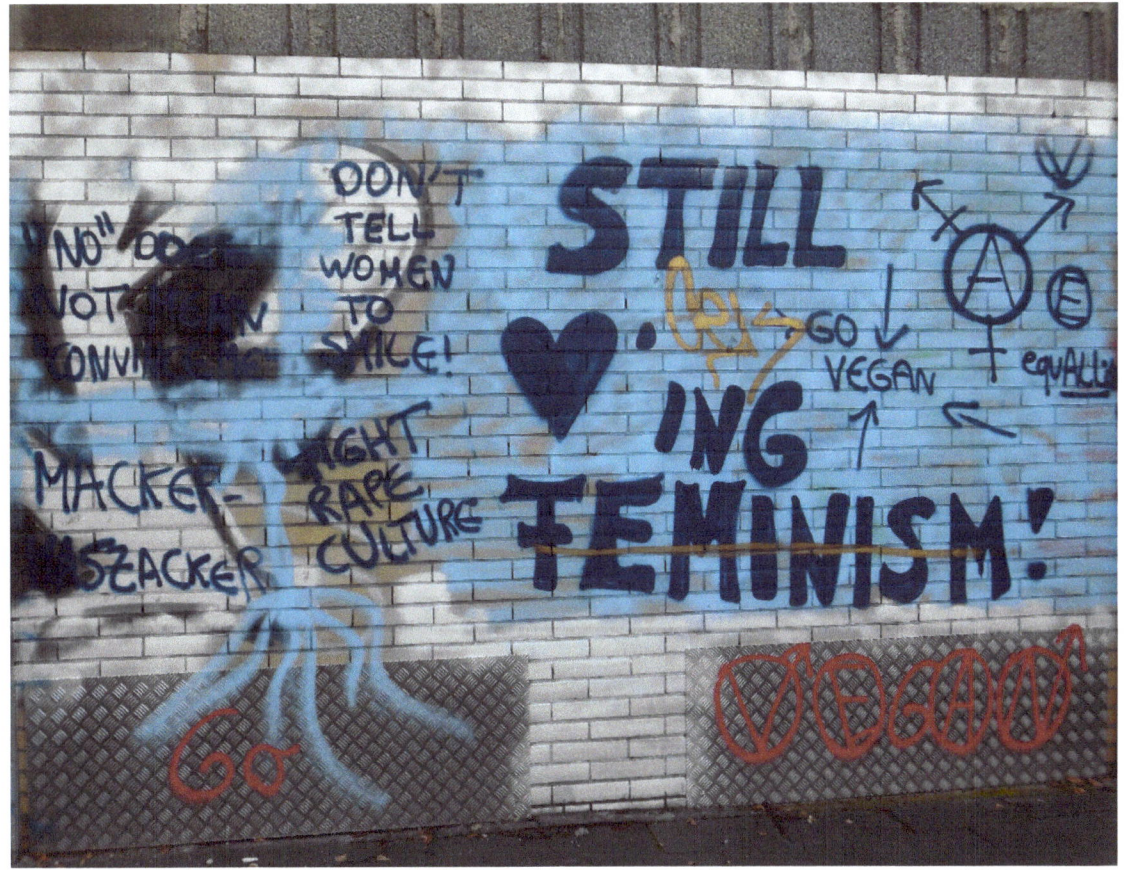

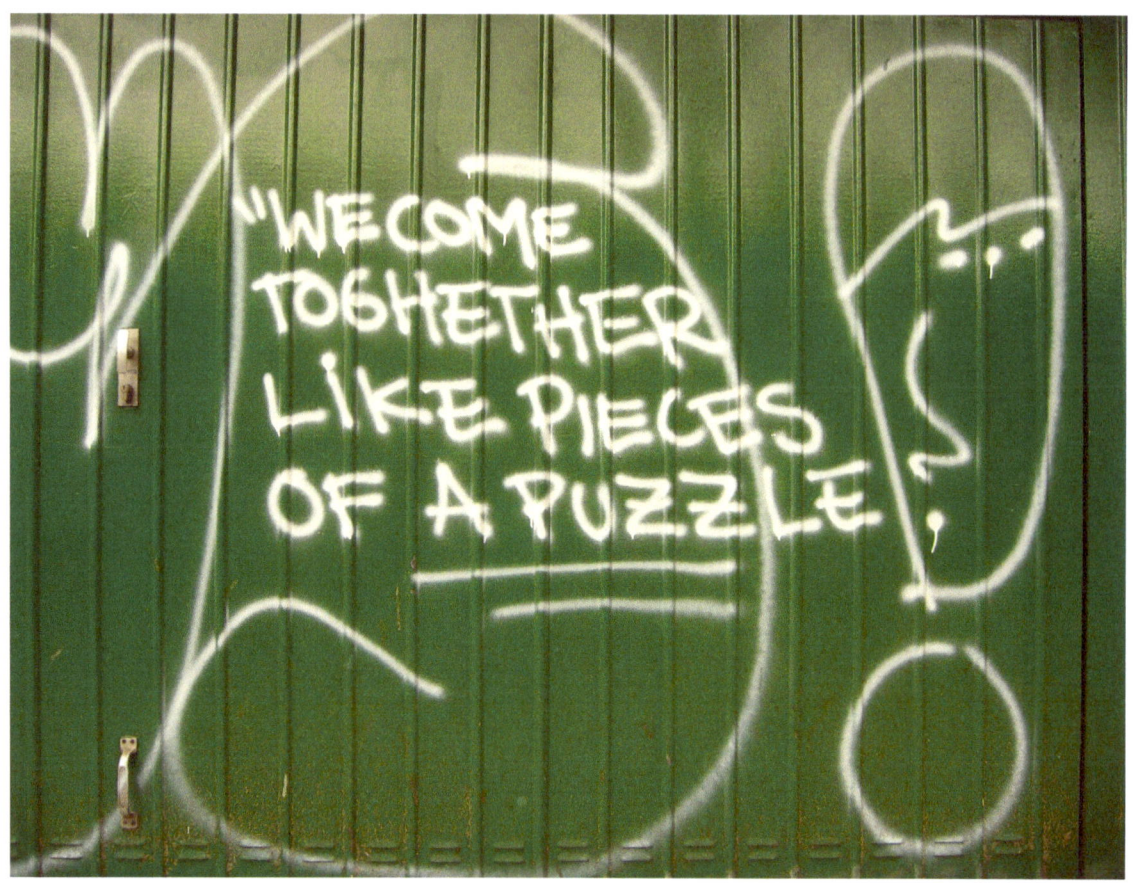

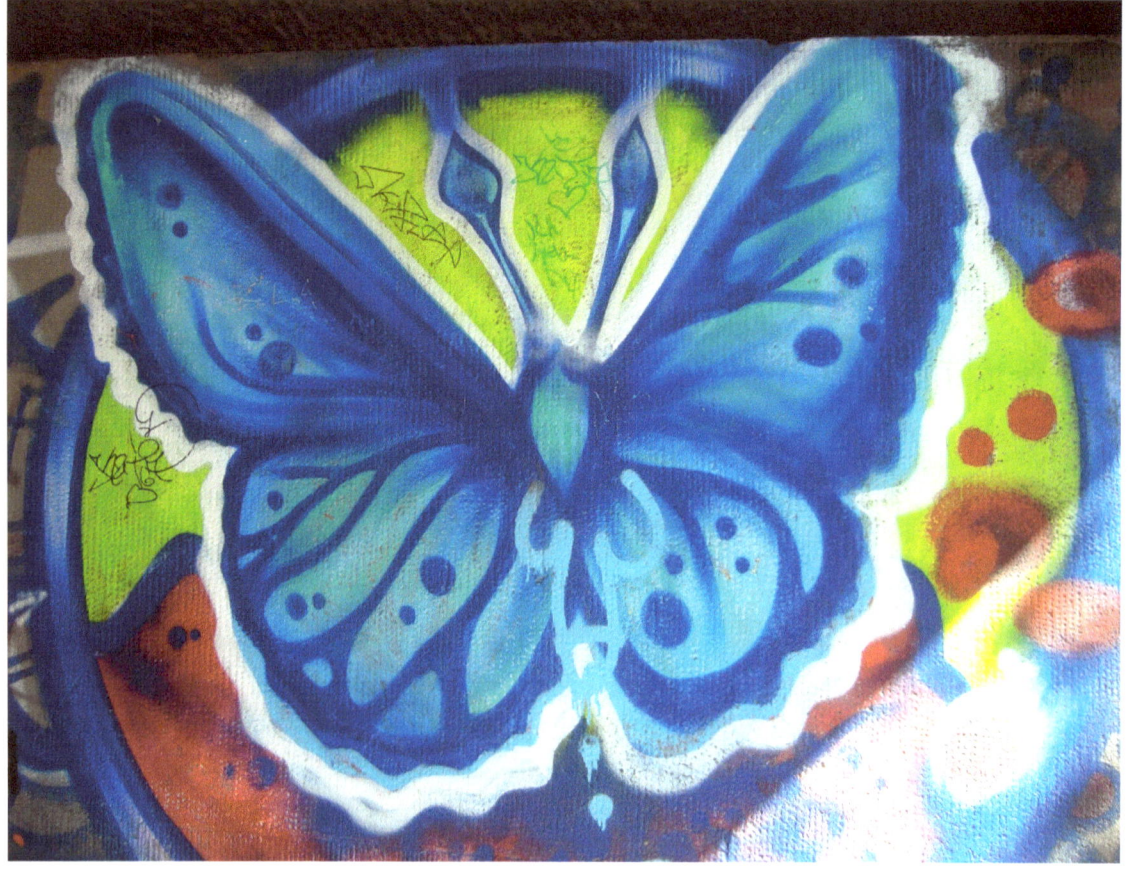

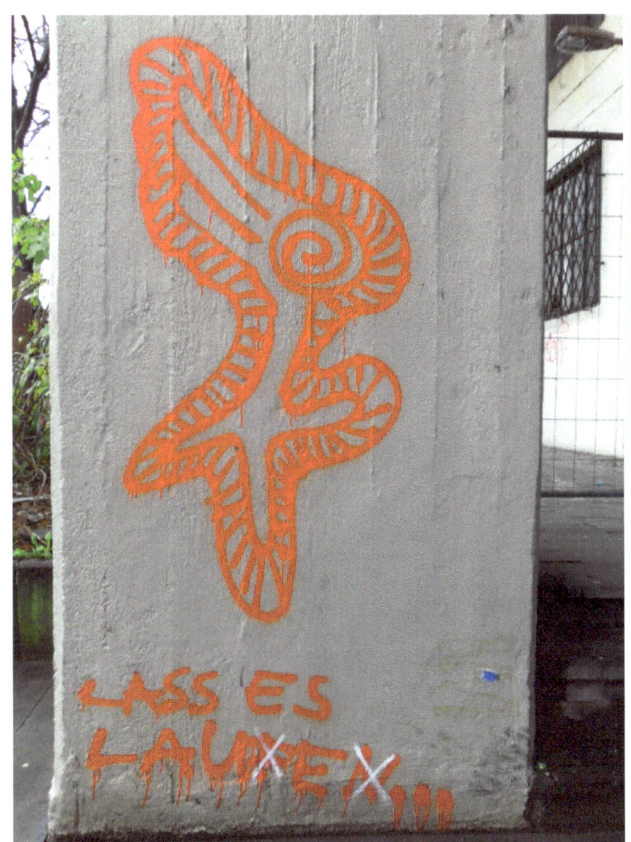

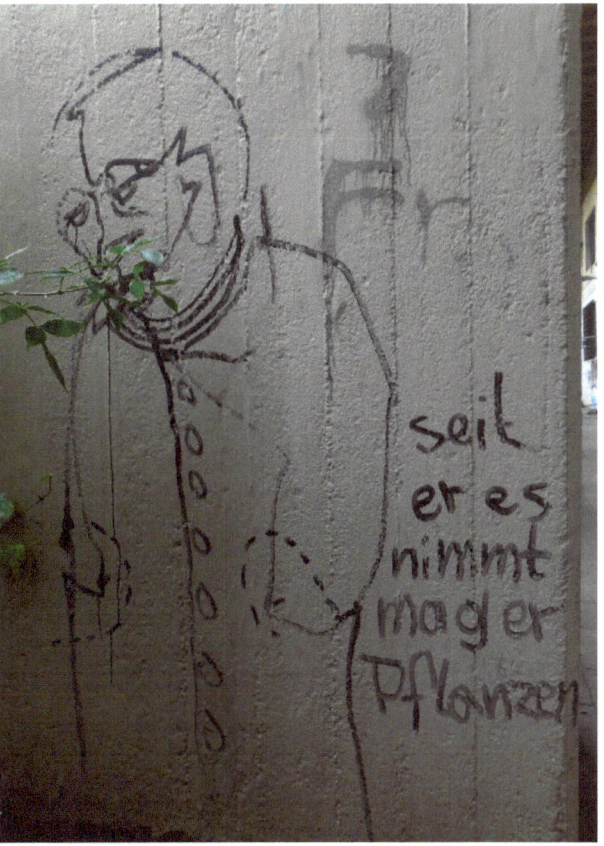

seit er es nimmt mag er Pflanzen

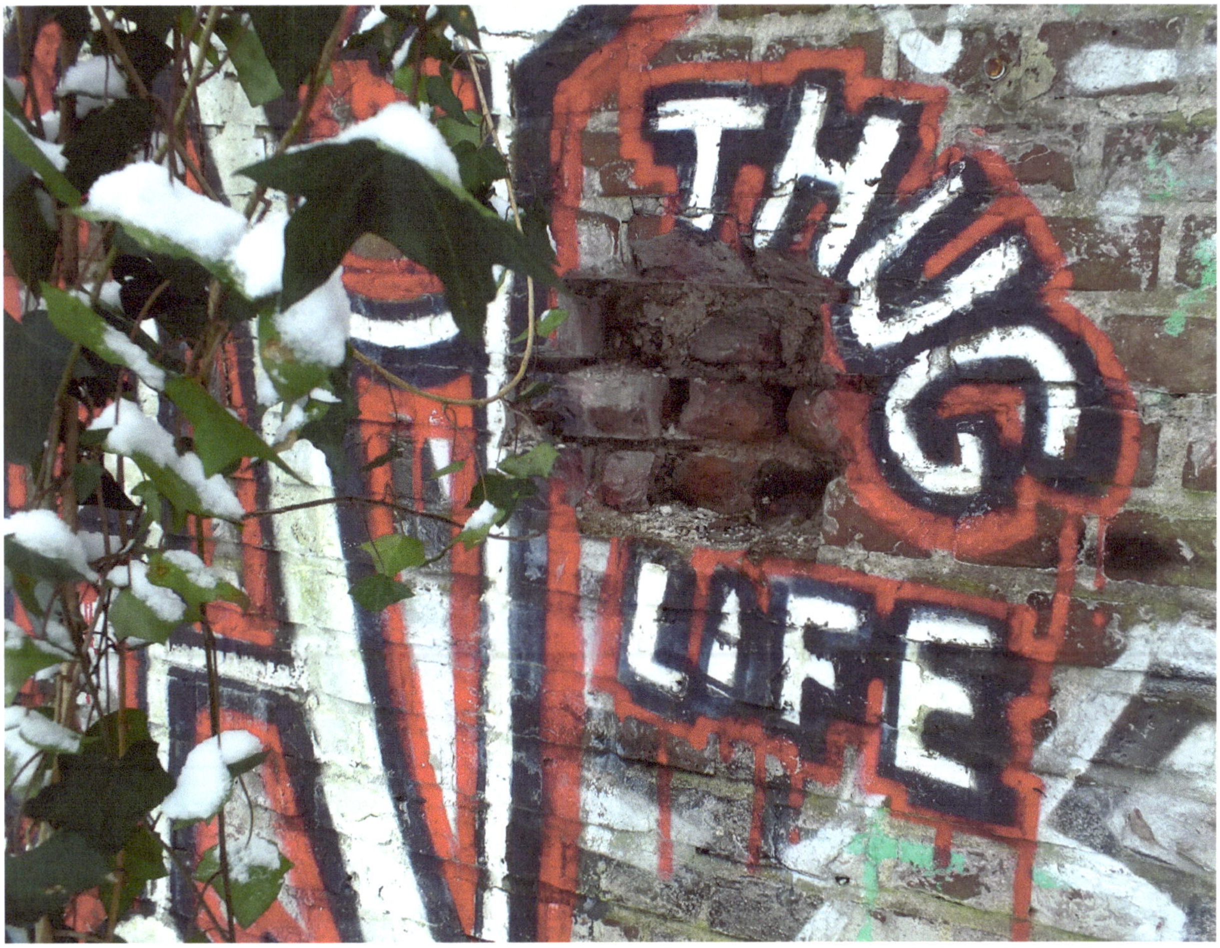

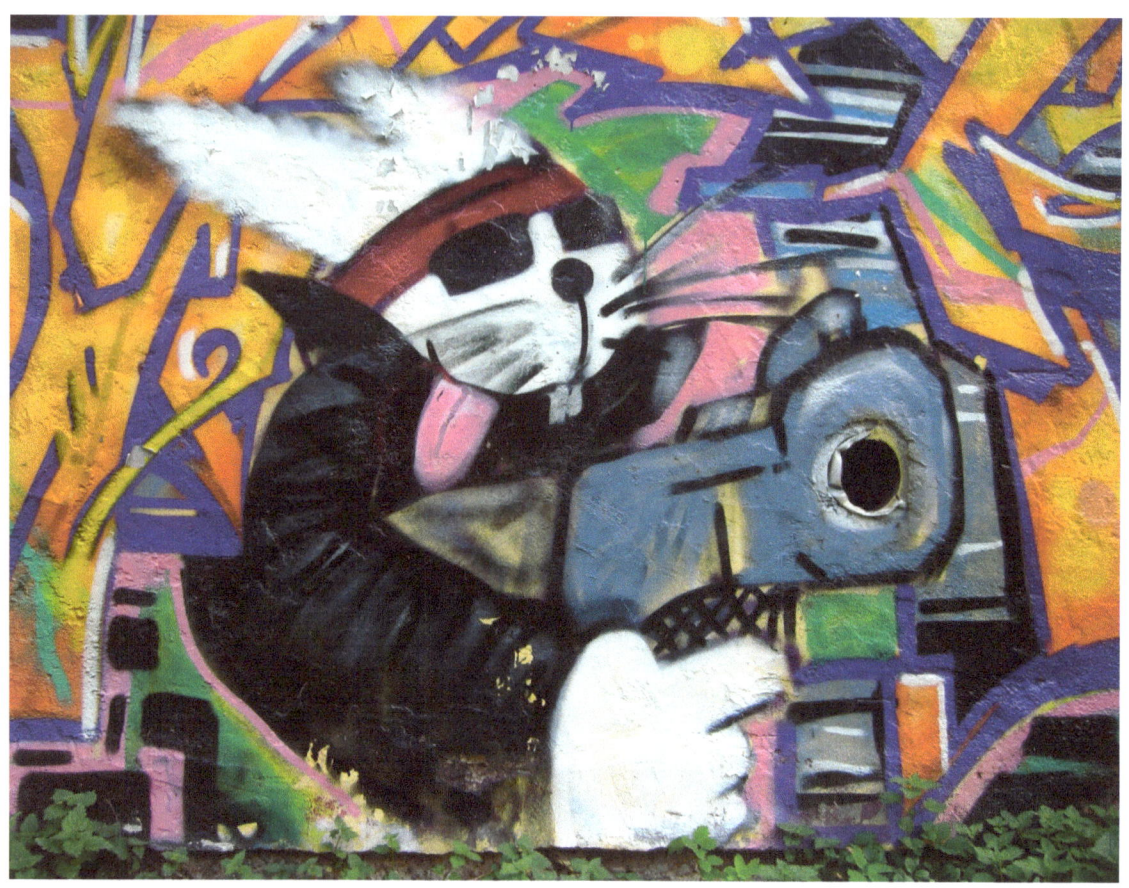

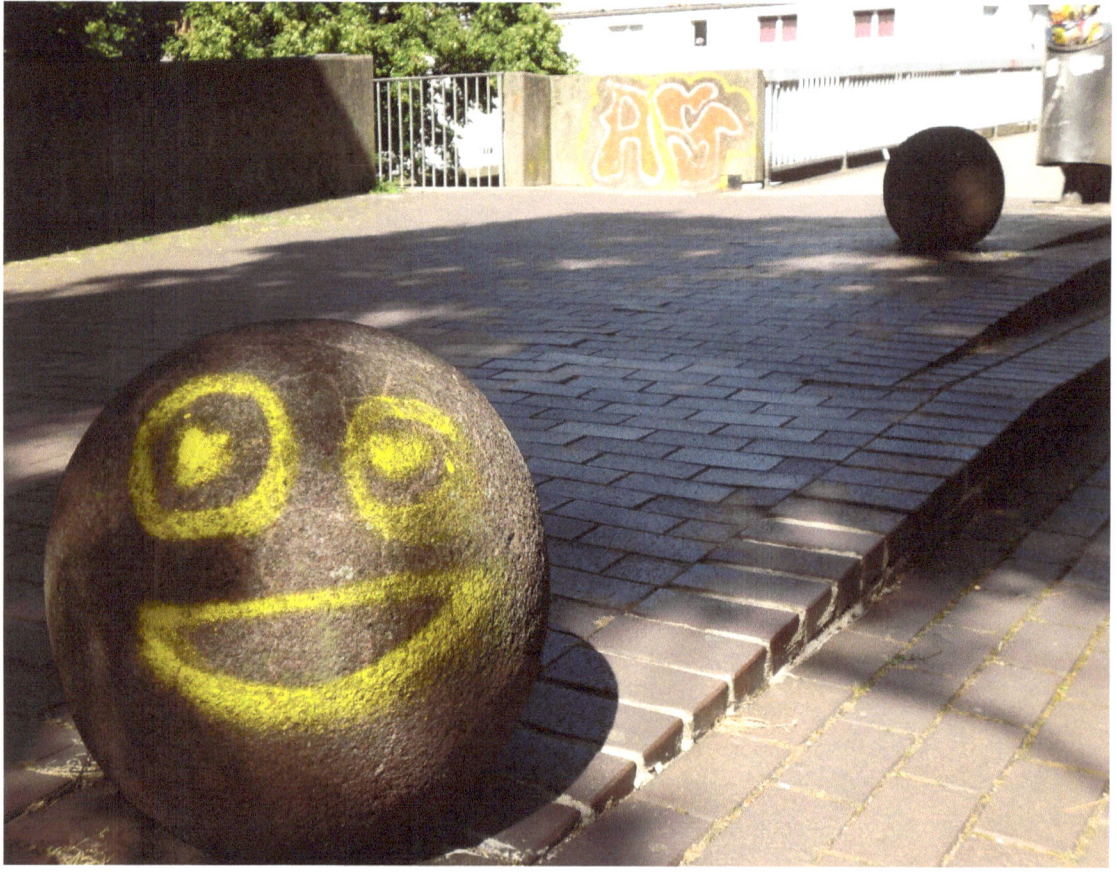

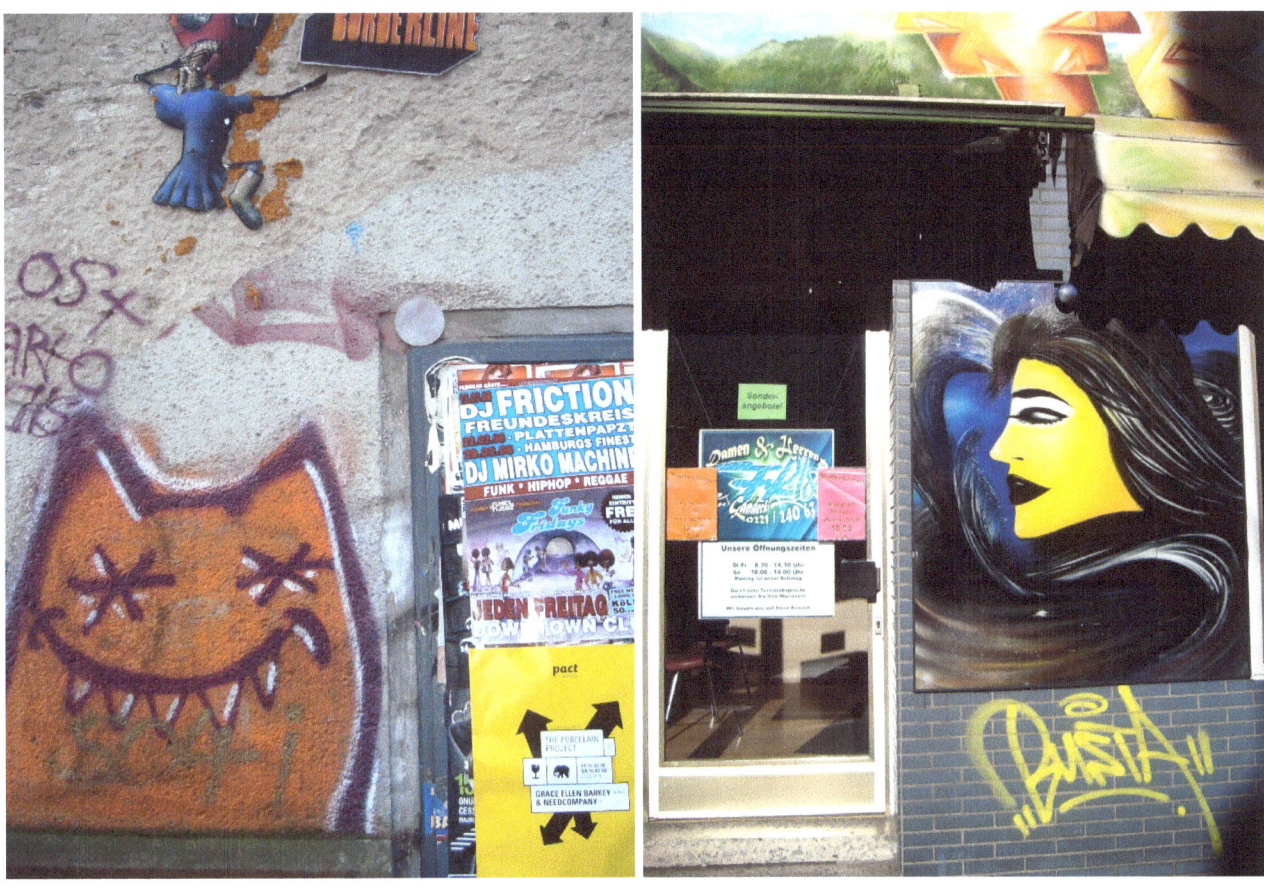

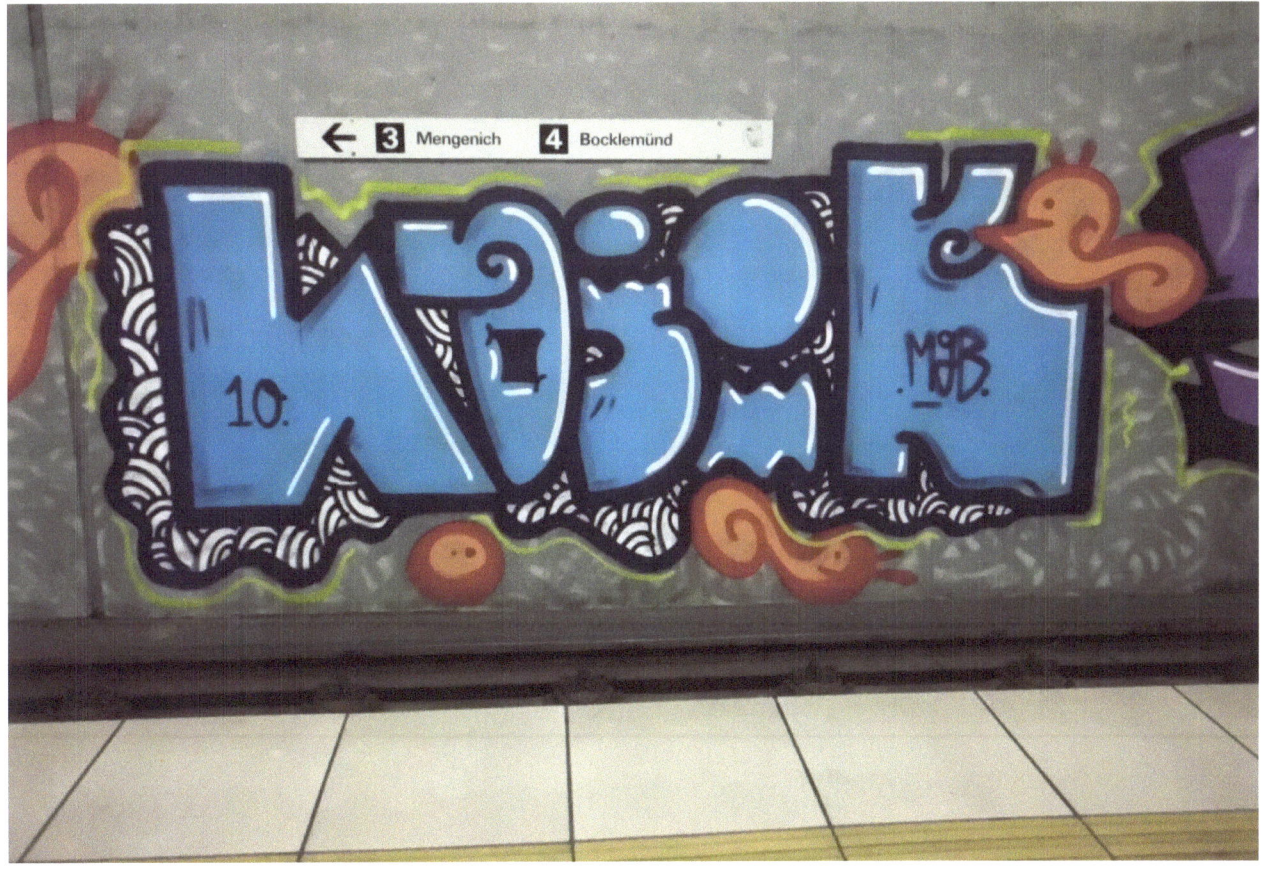

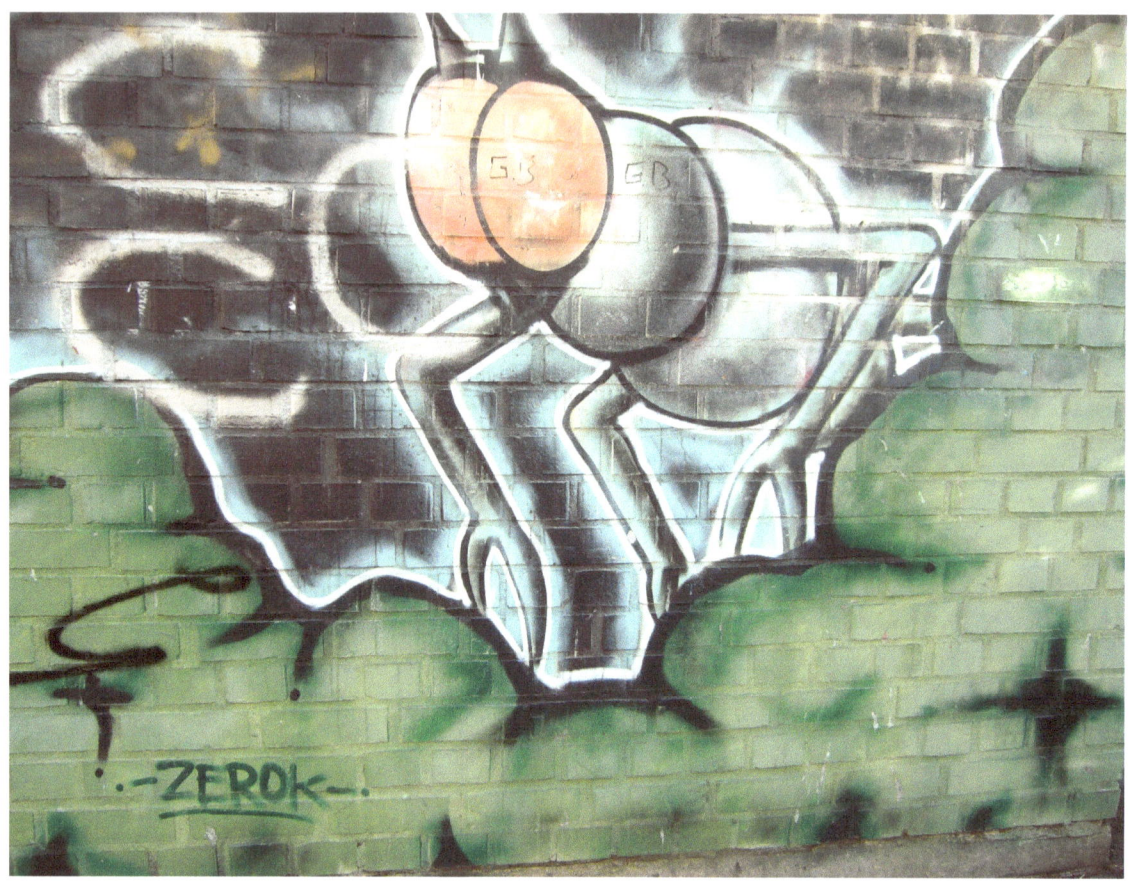

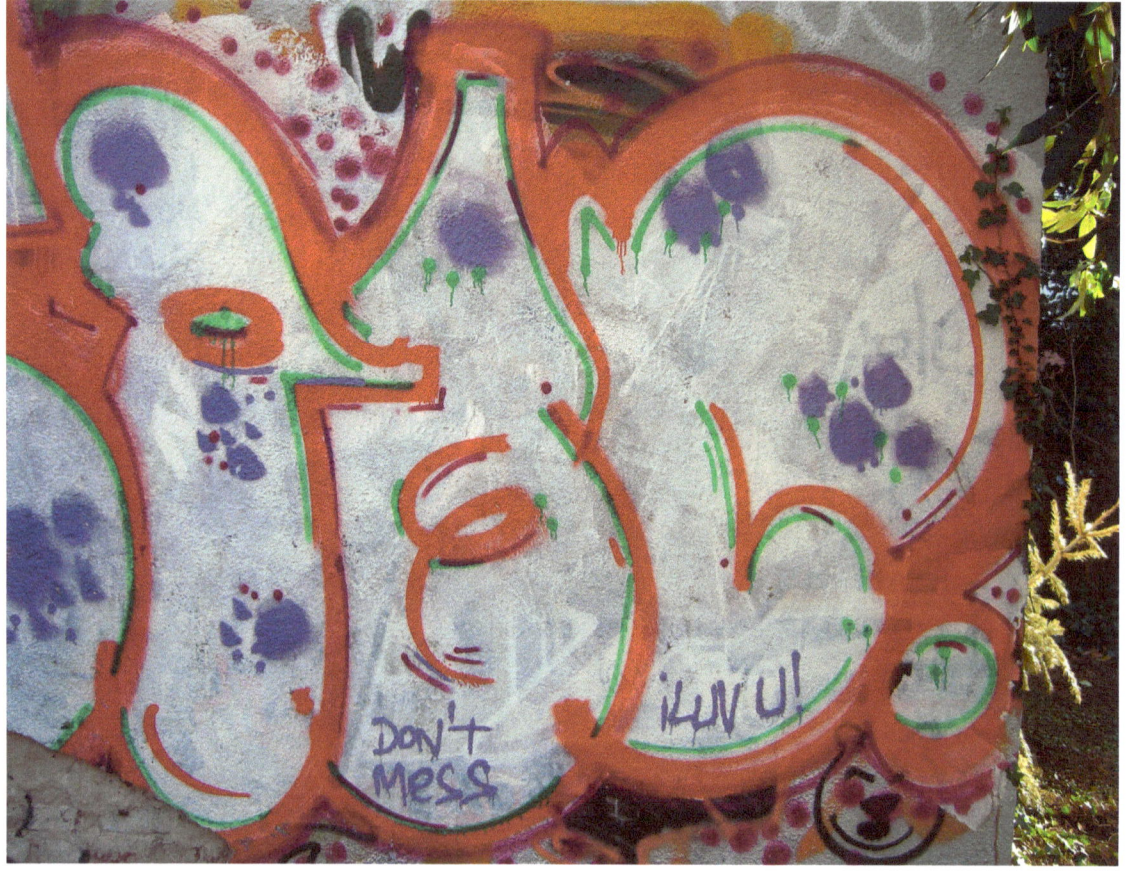

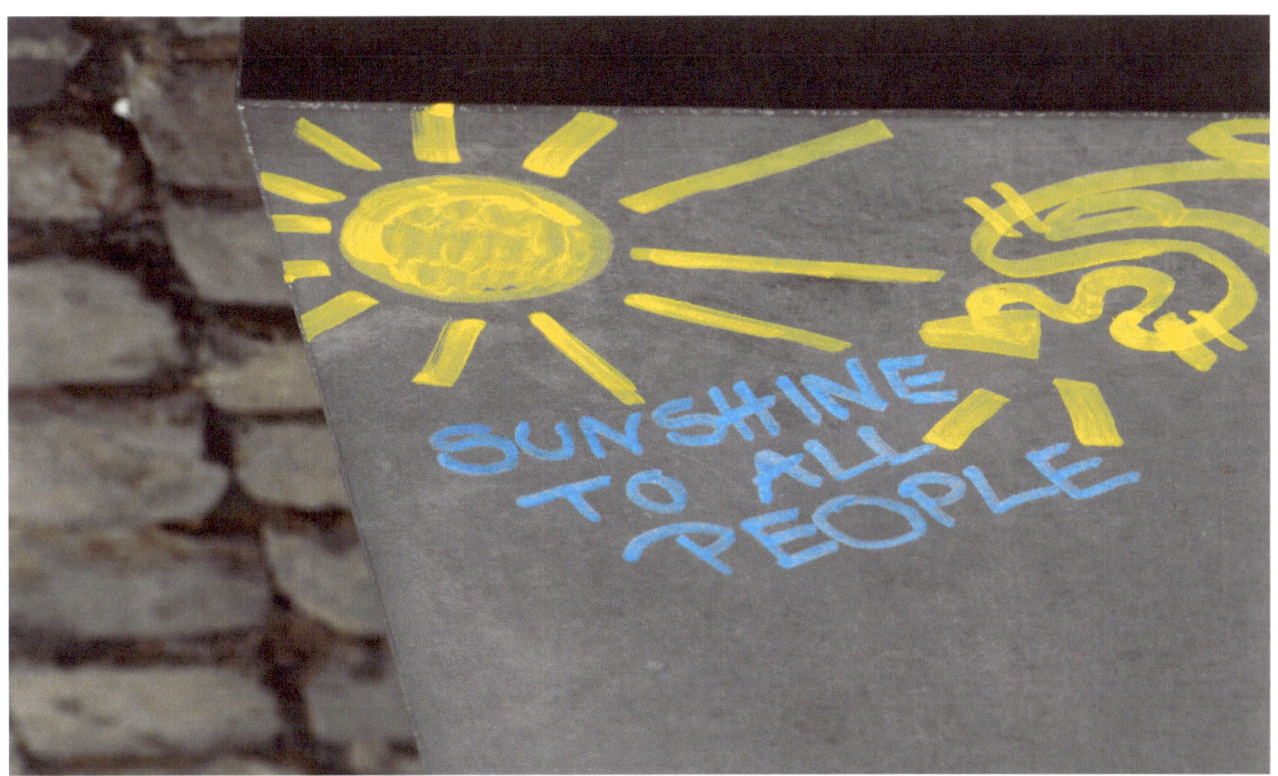

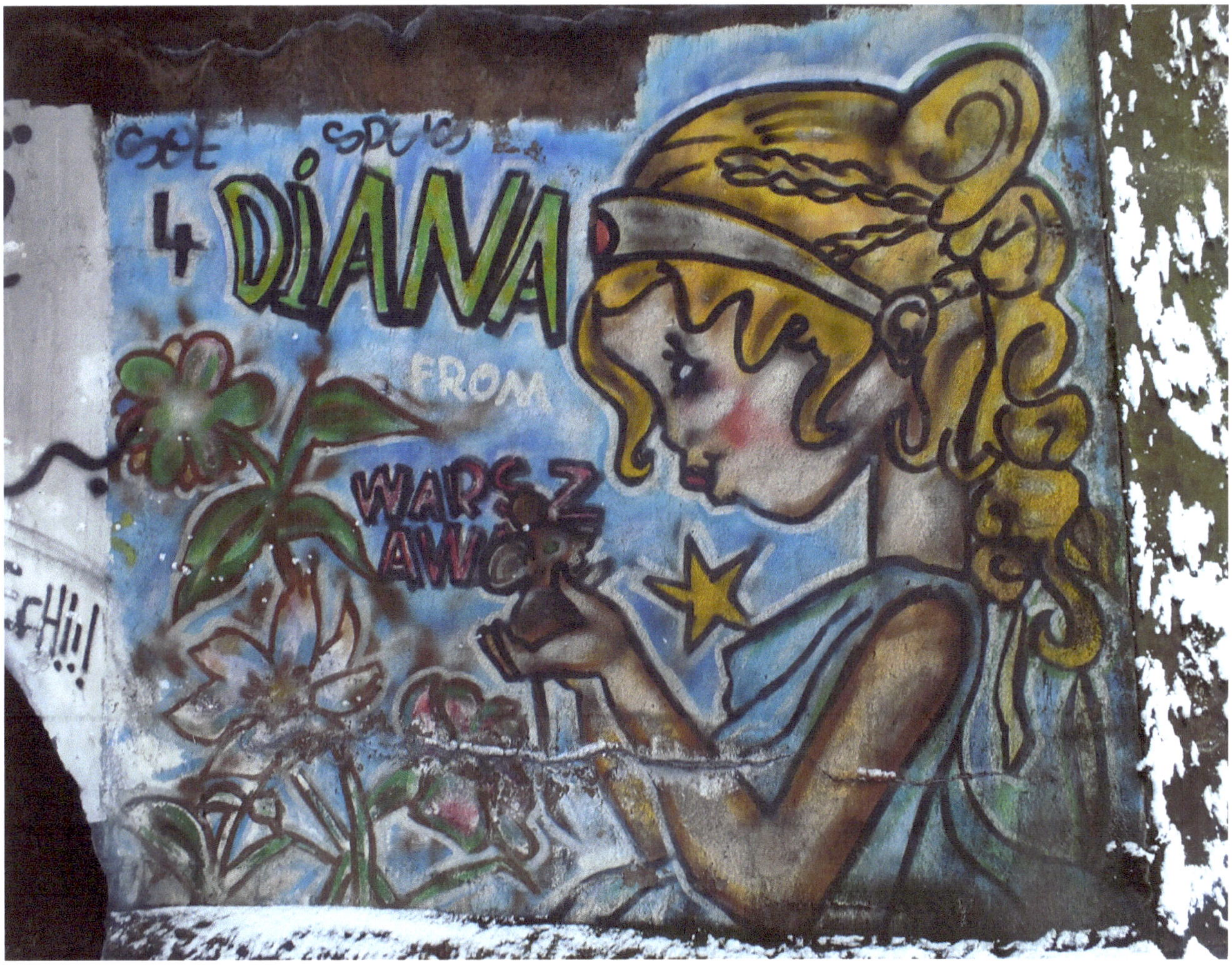

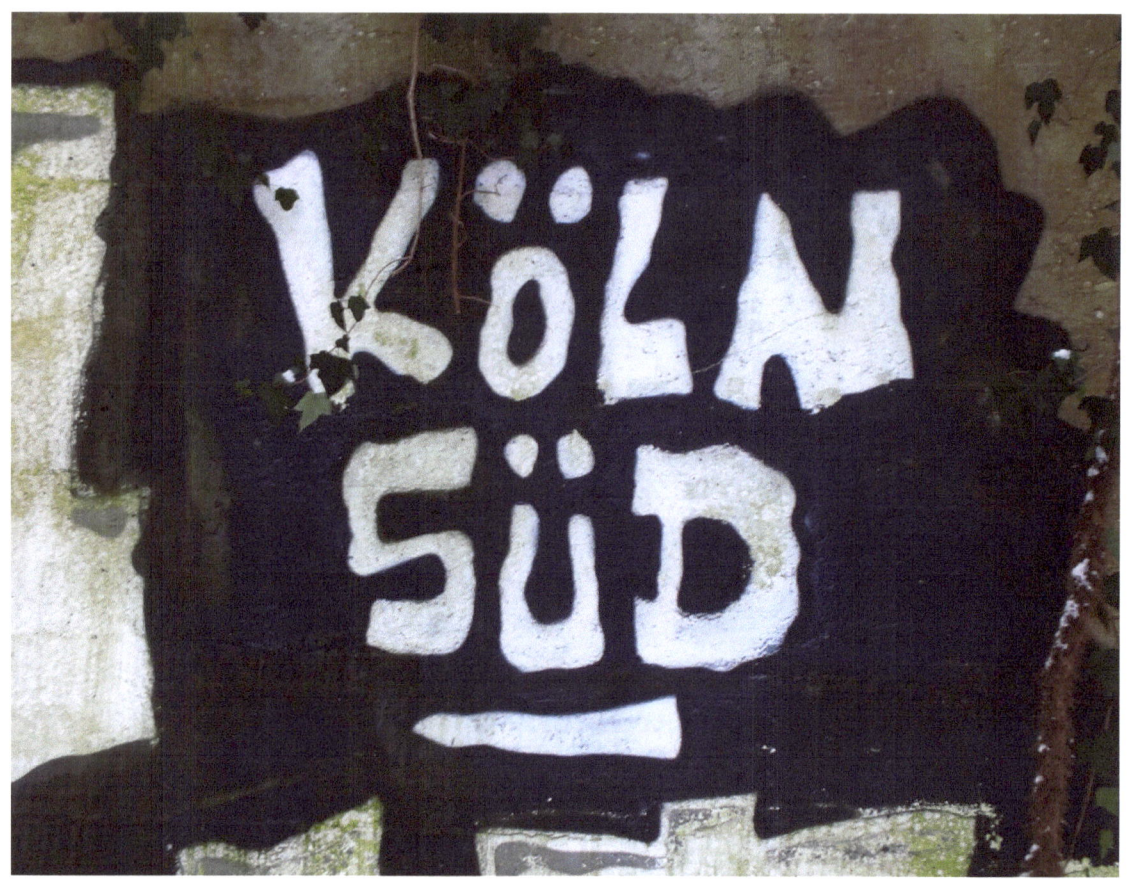

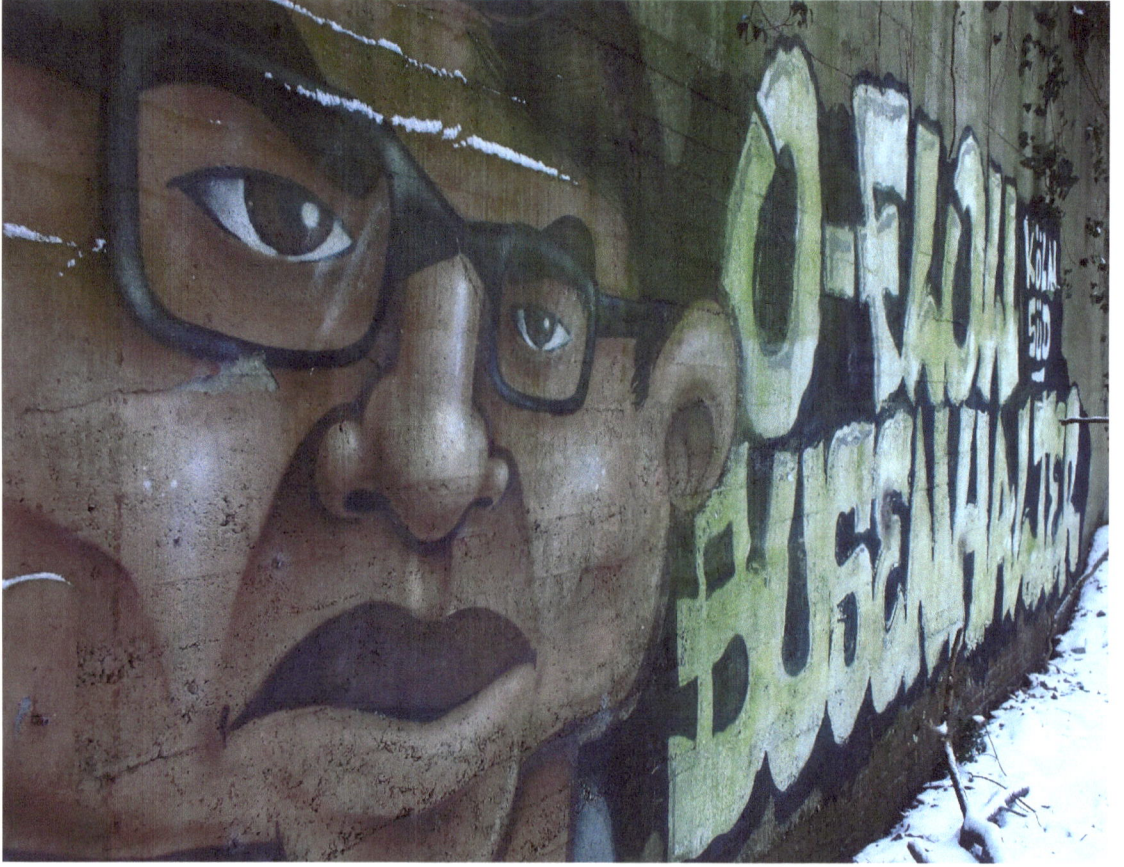

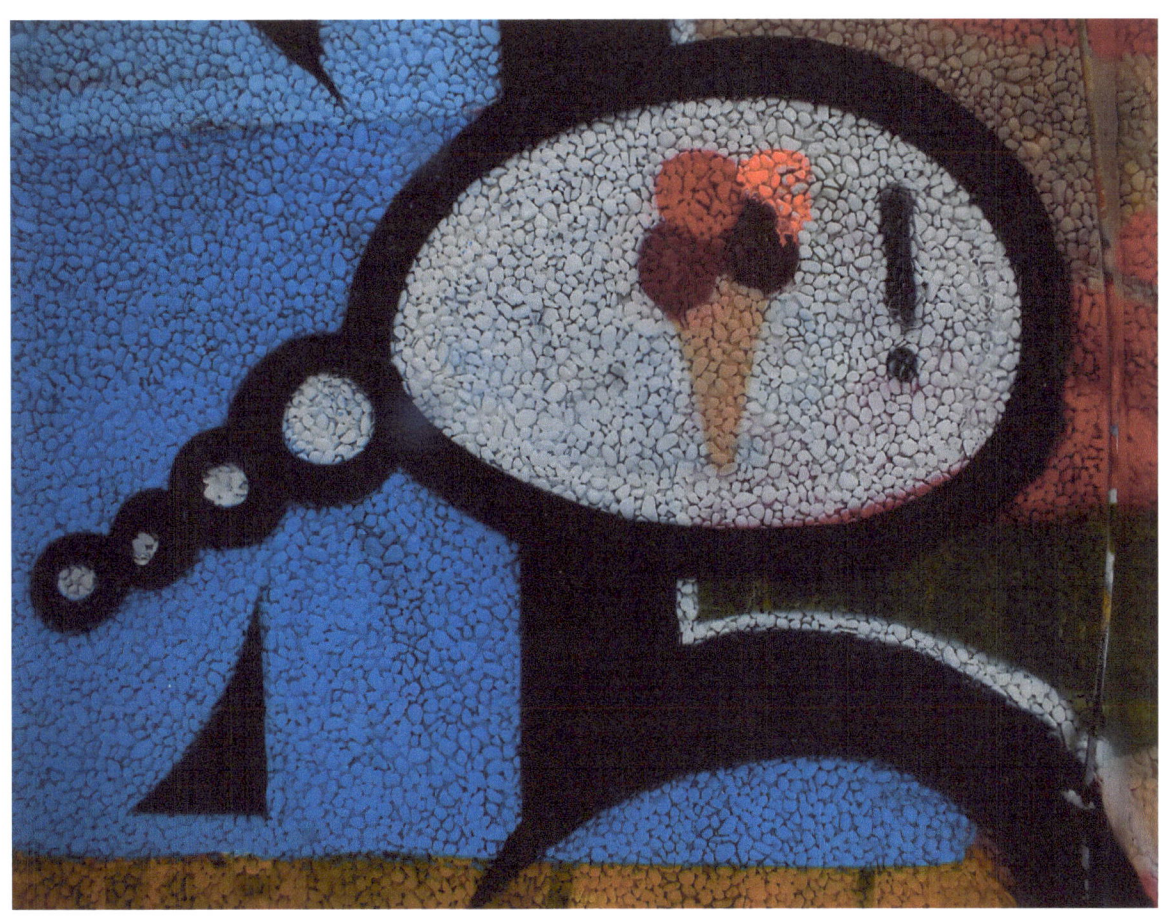

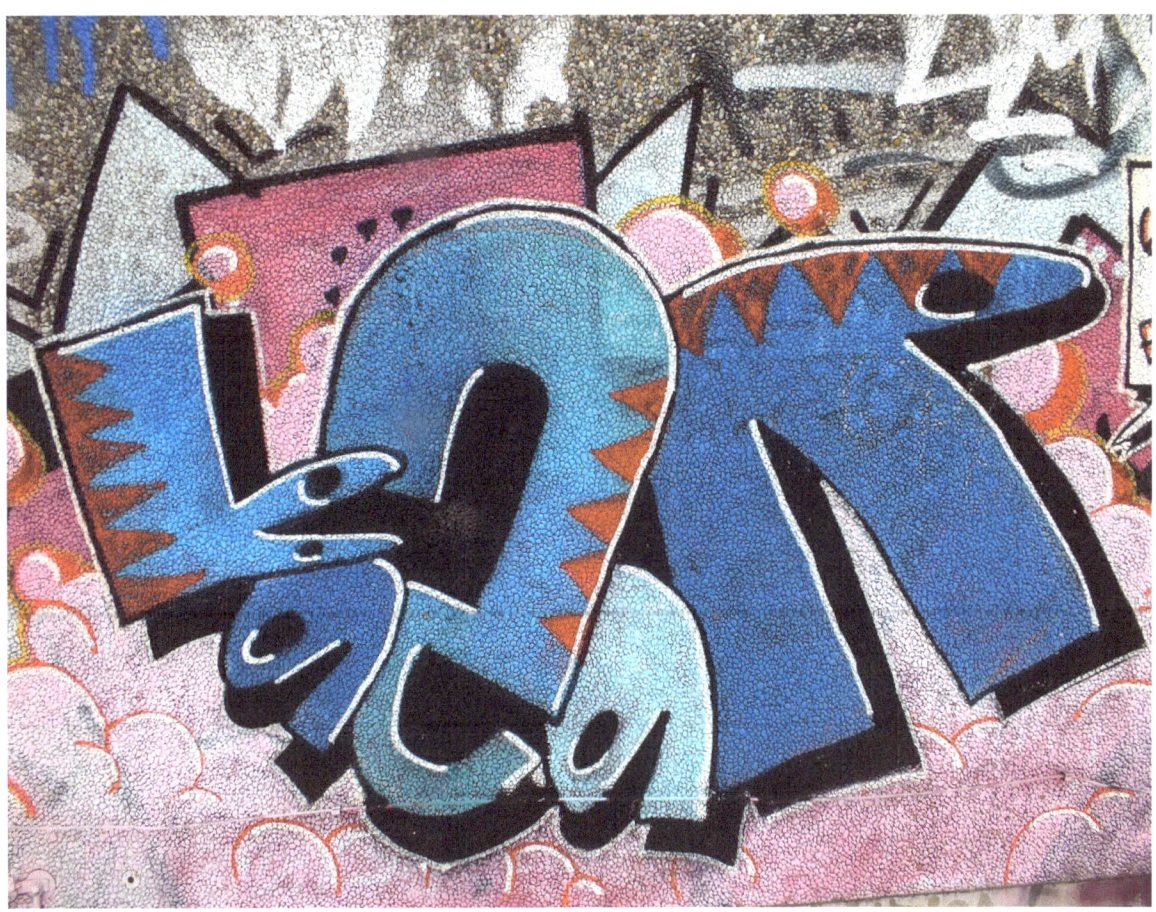

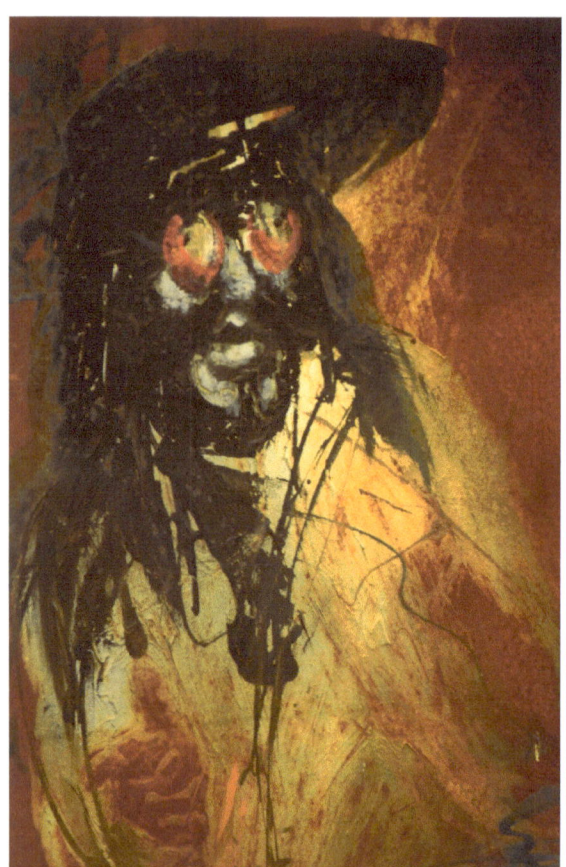
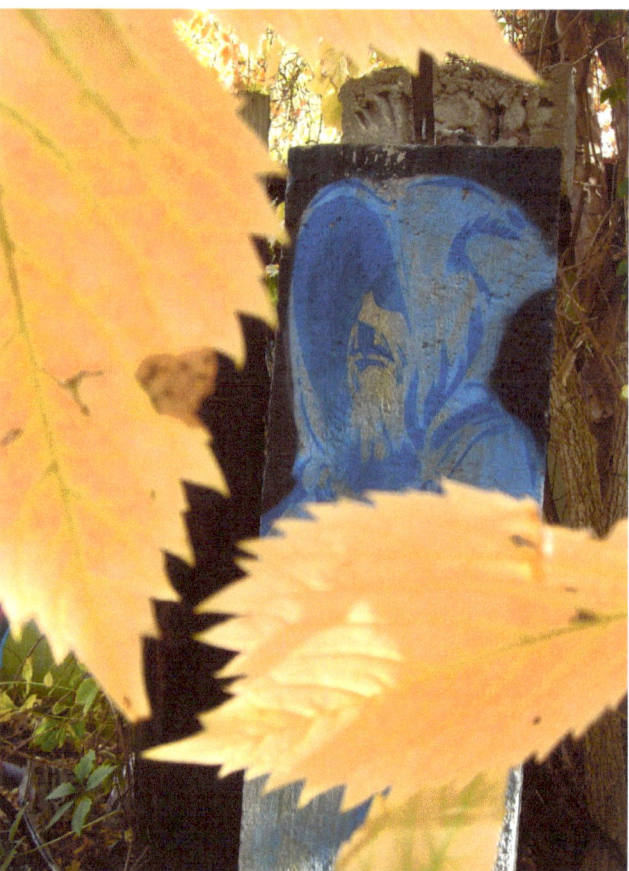
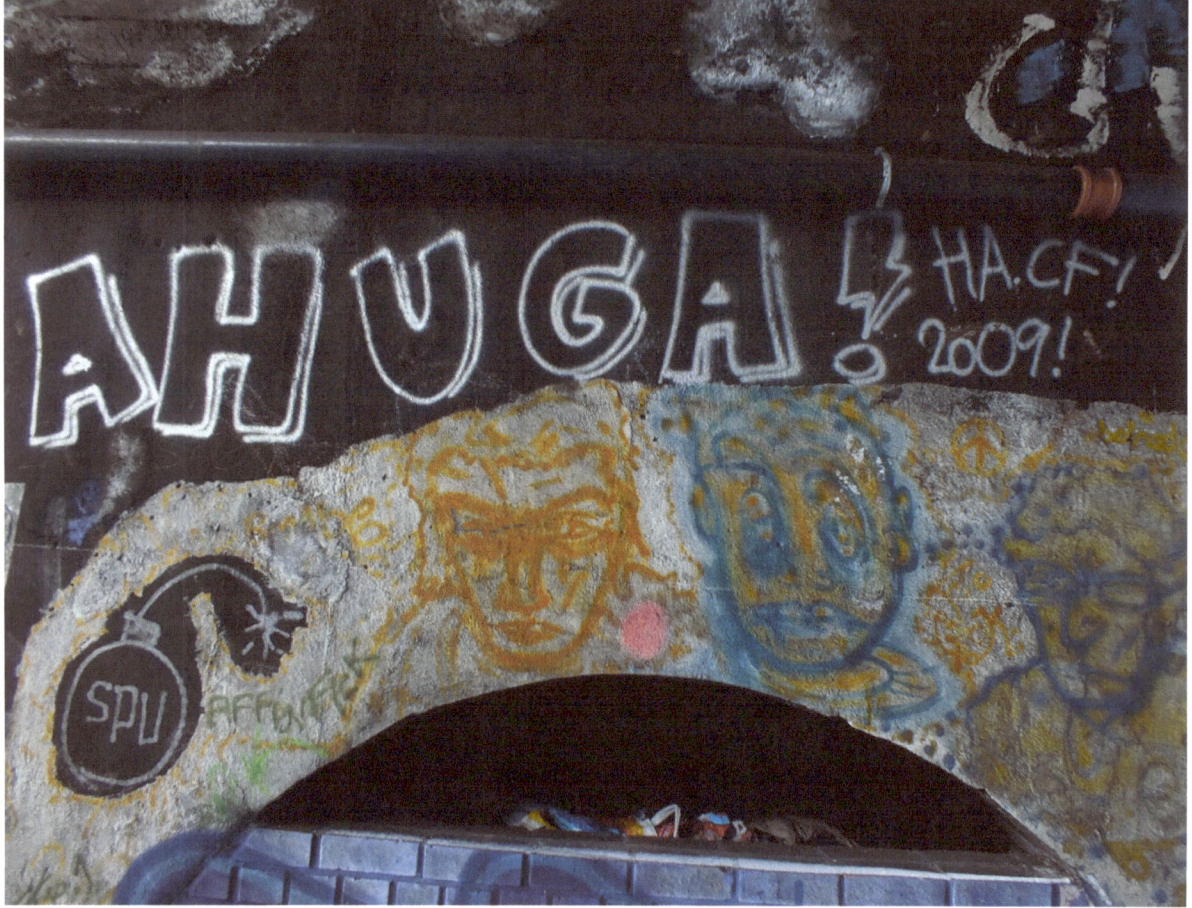

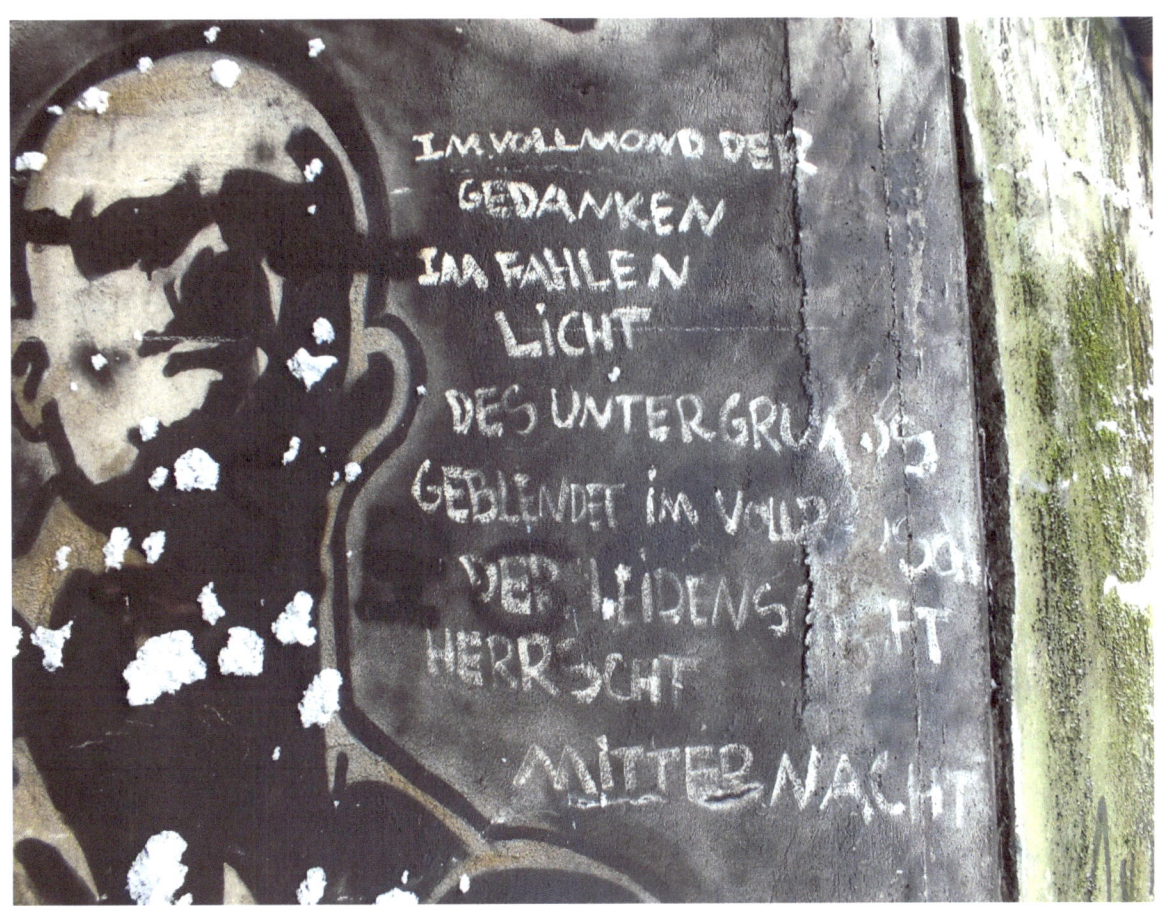

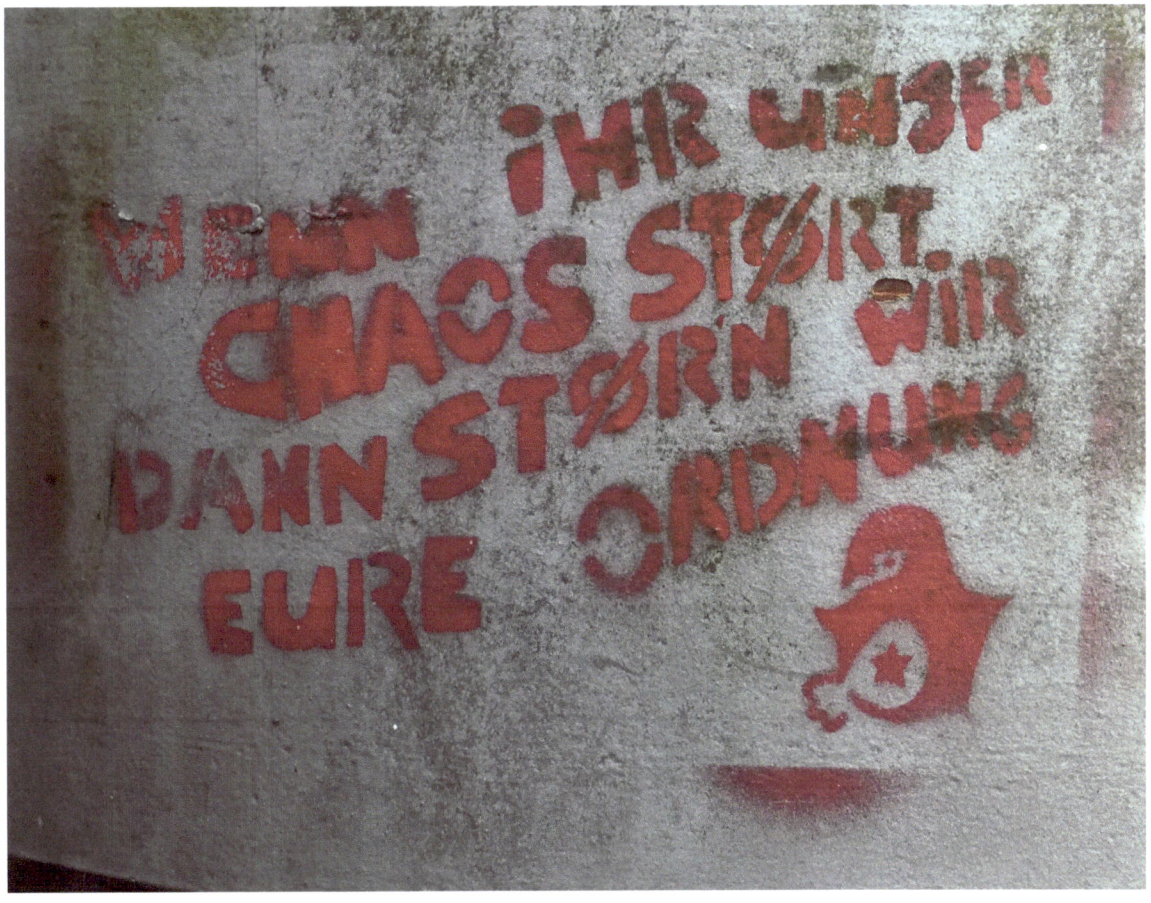

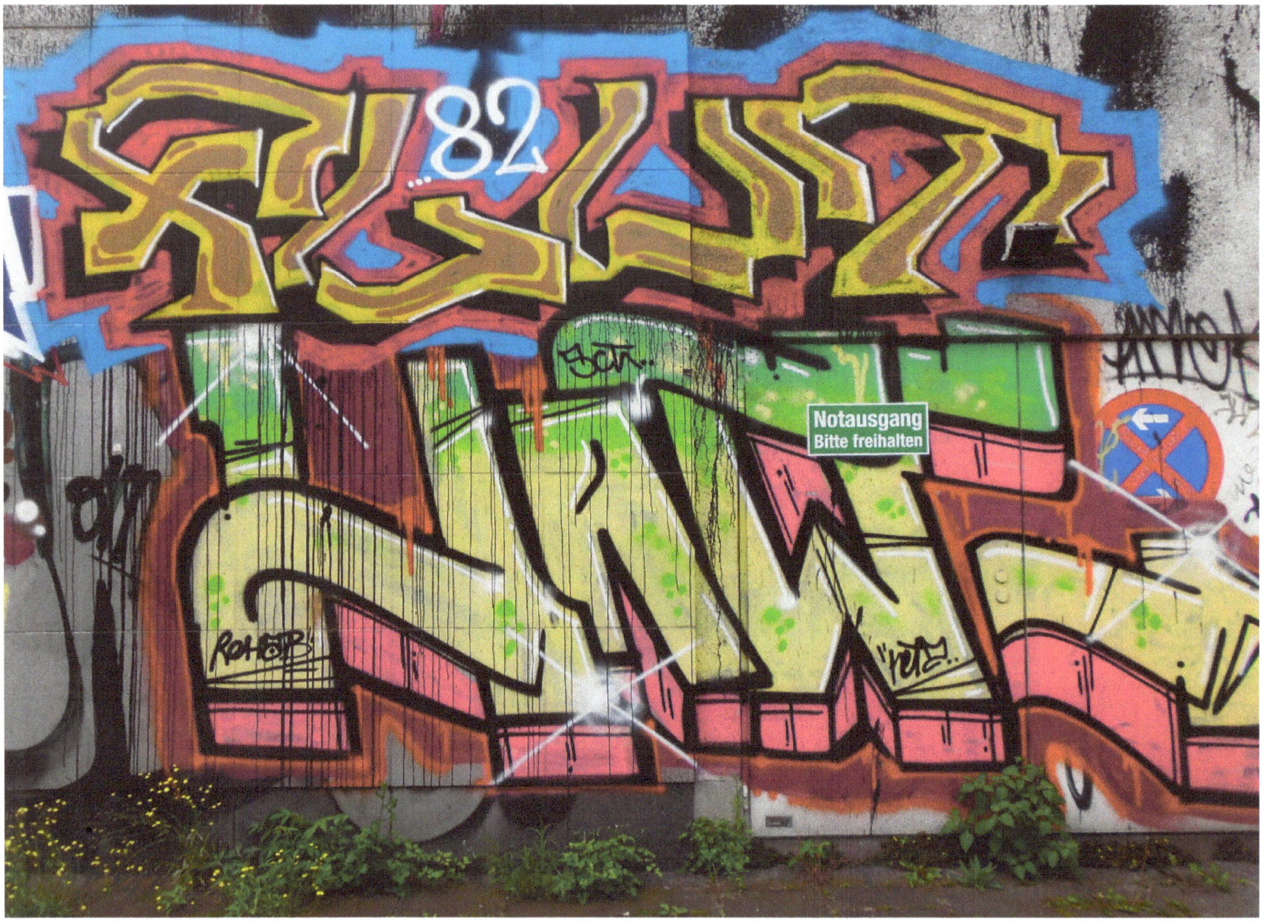

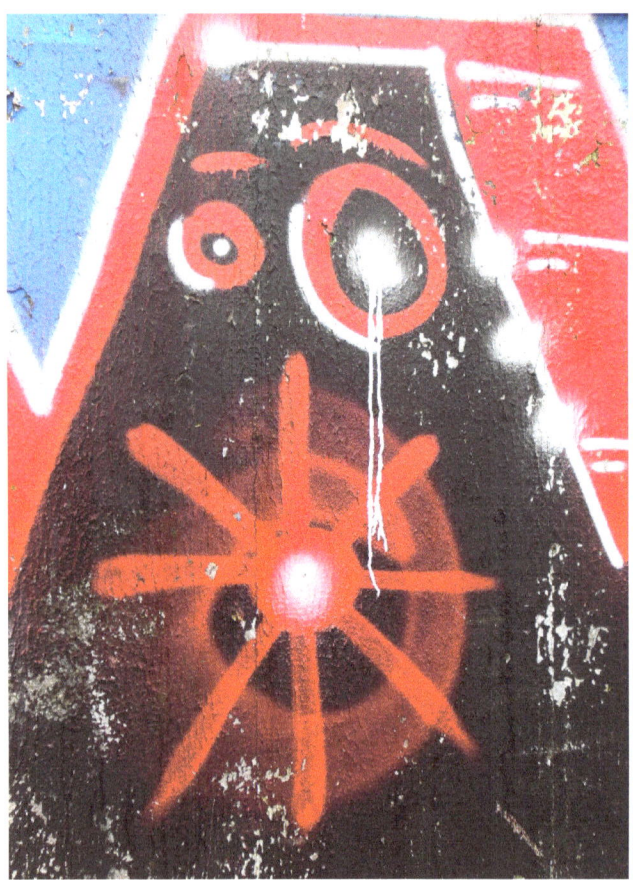

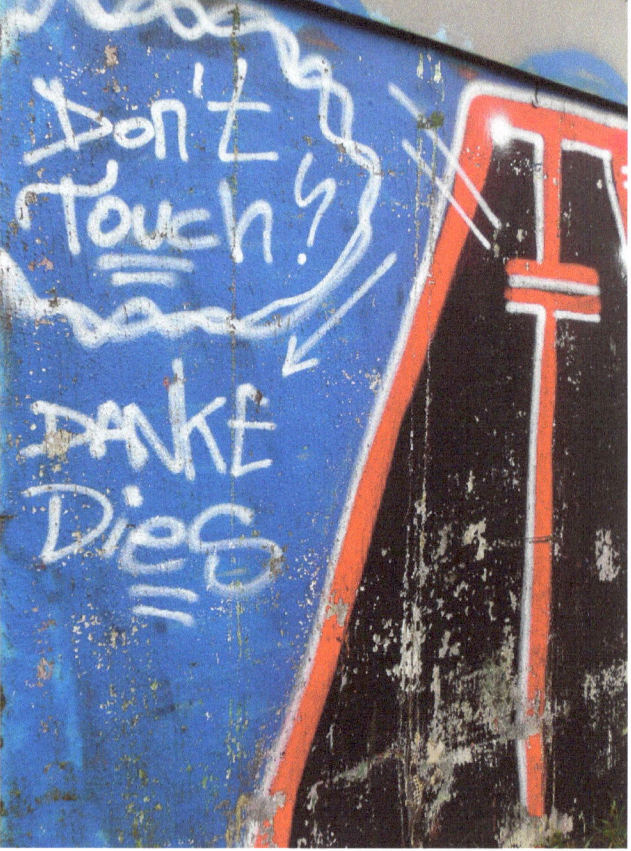

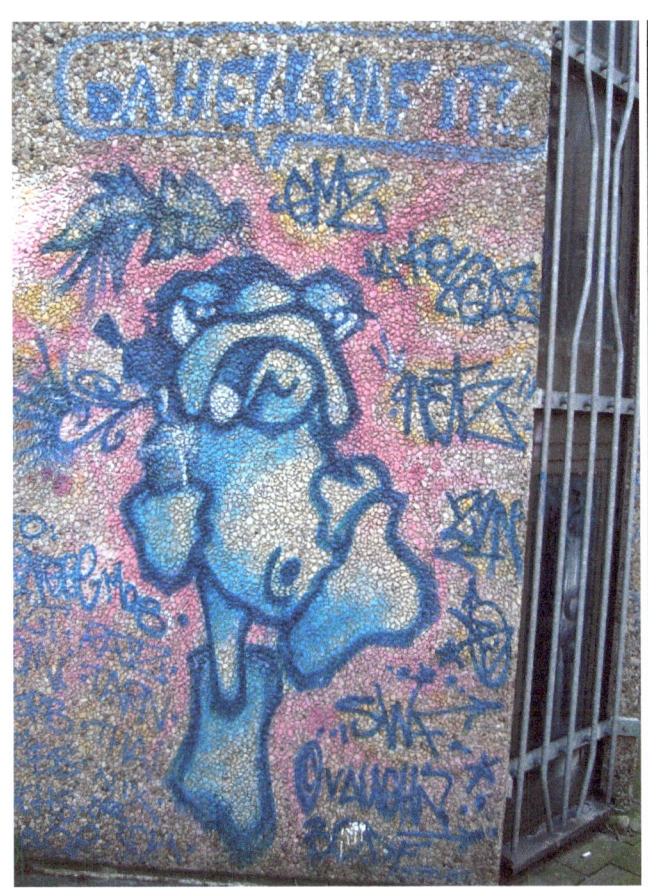
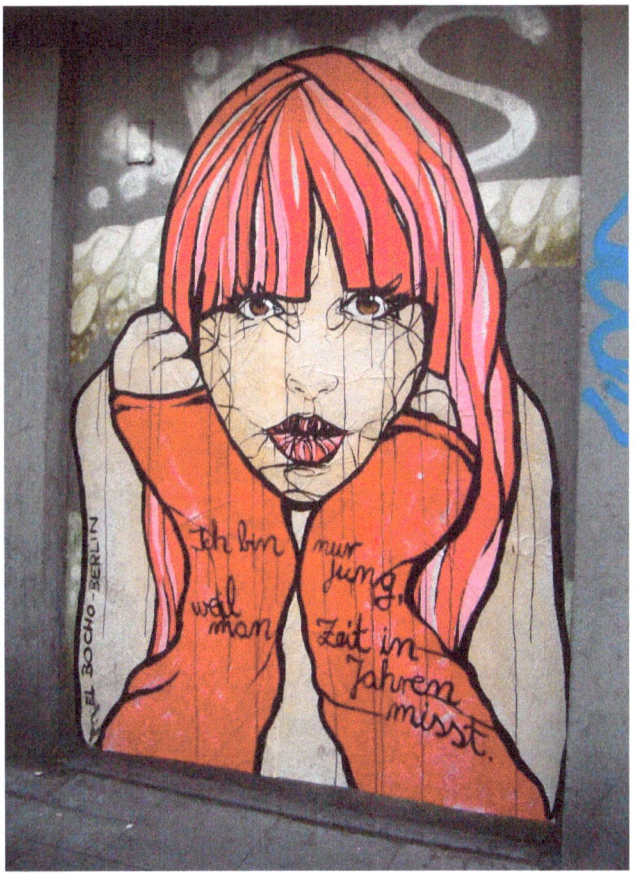
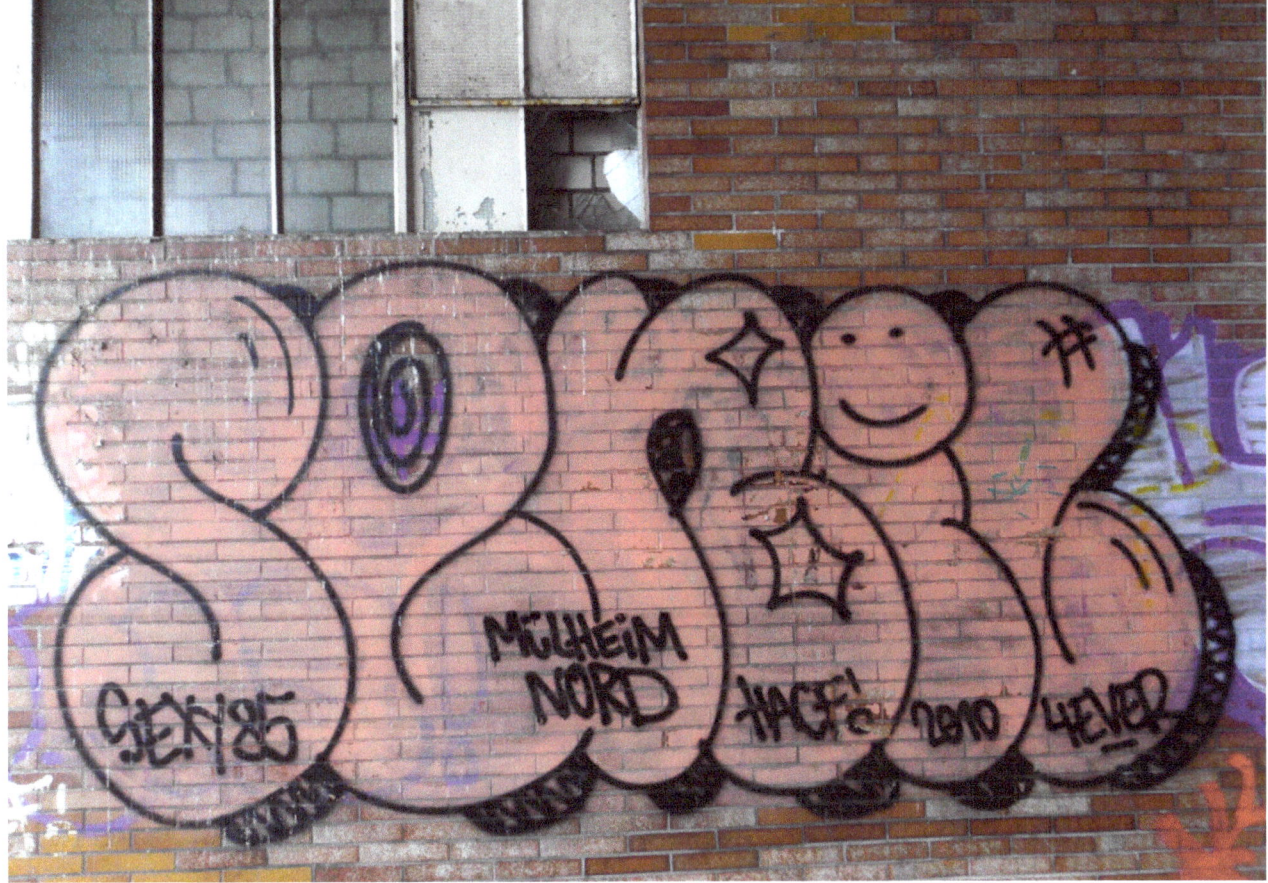

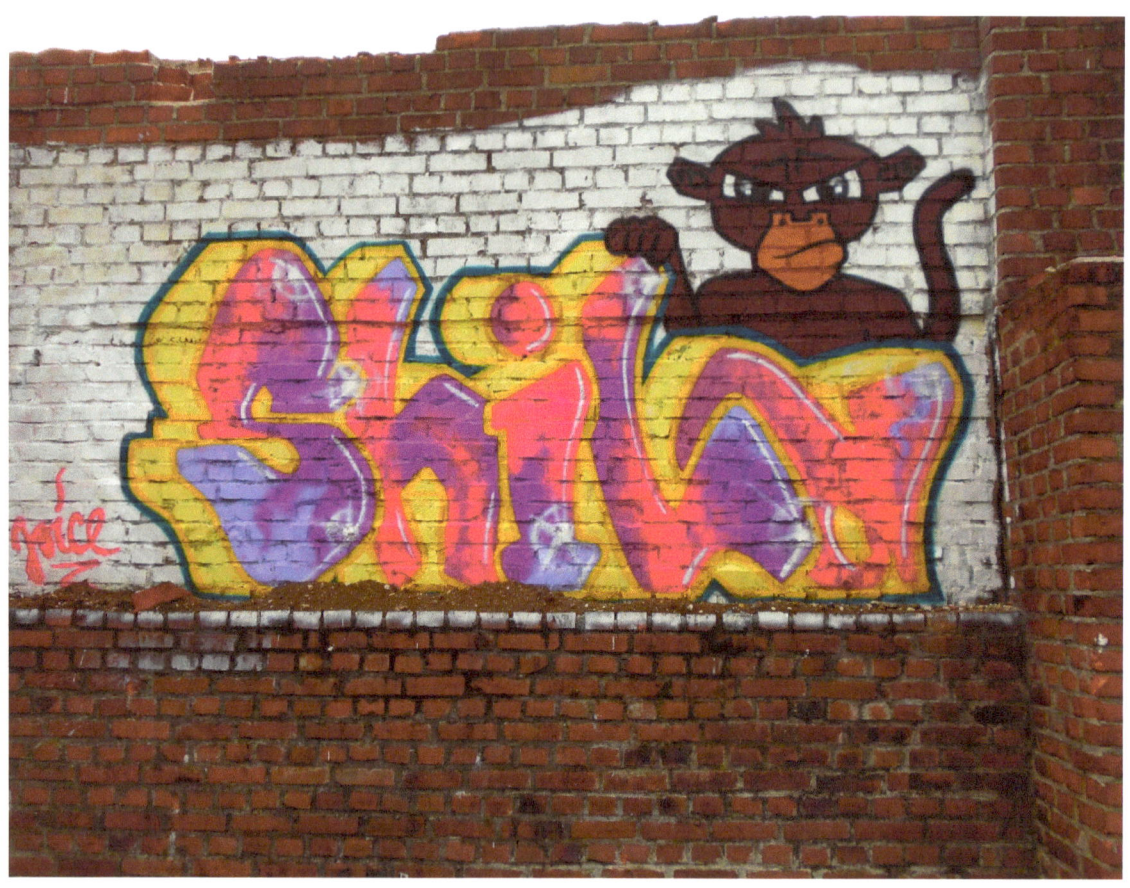

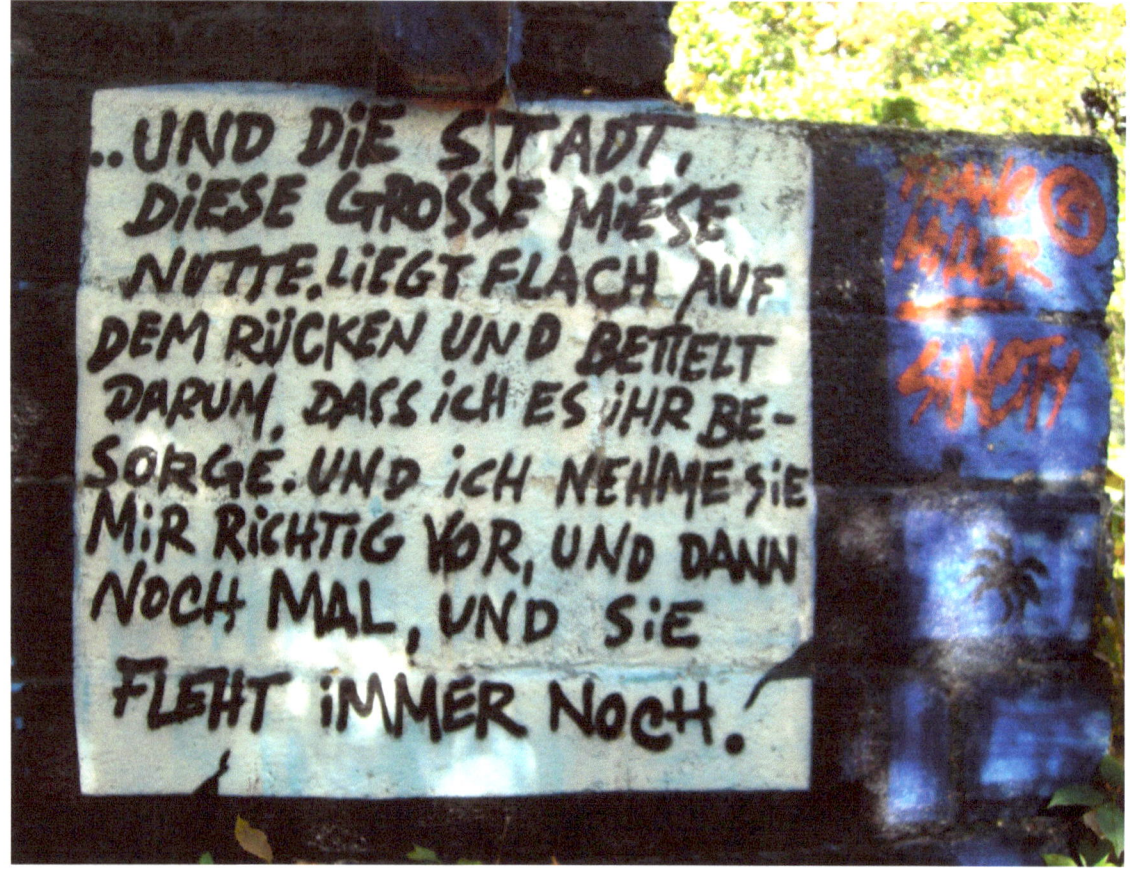

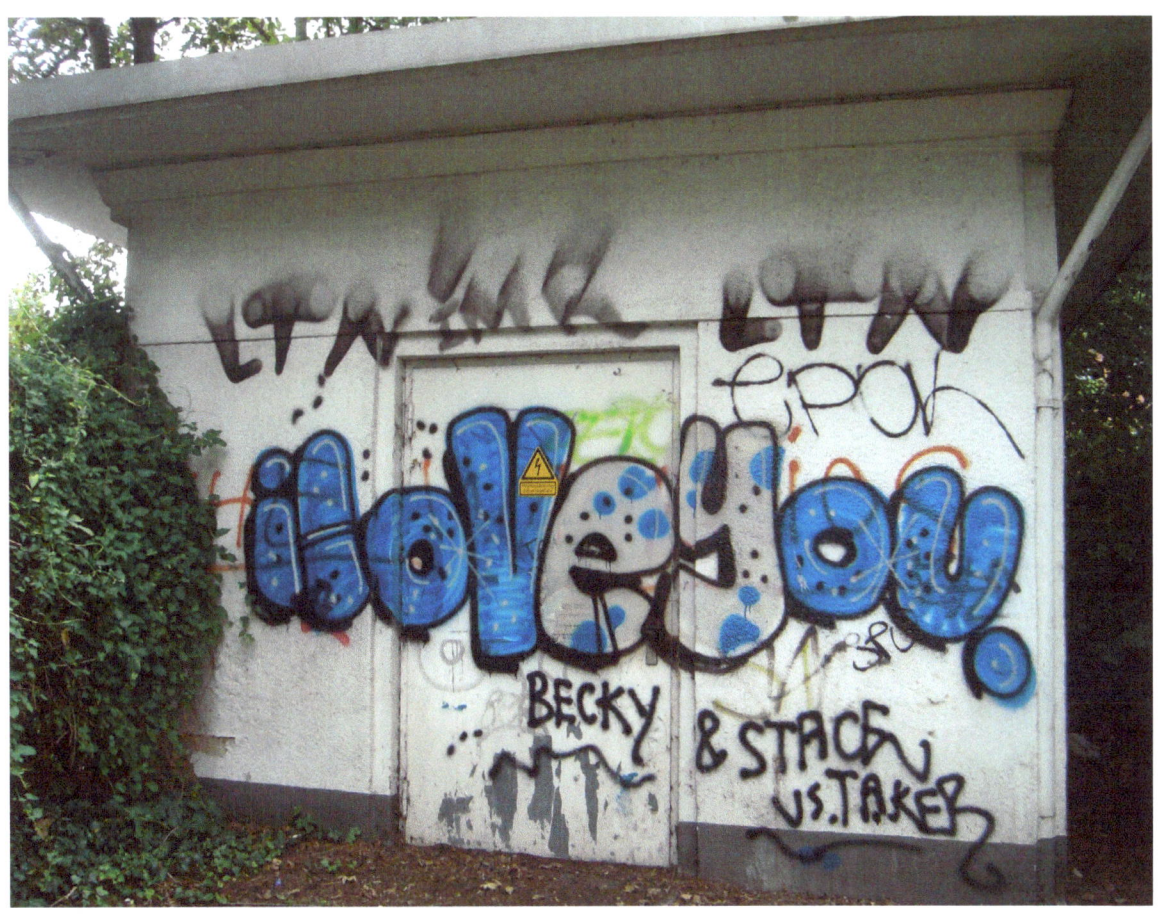

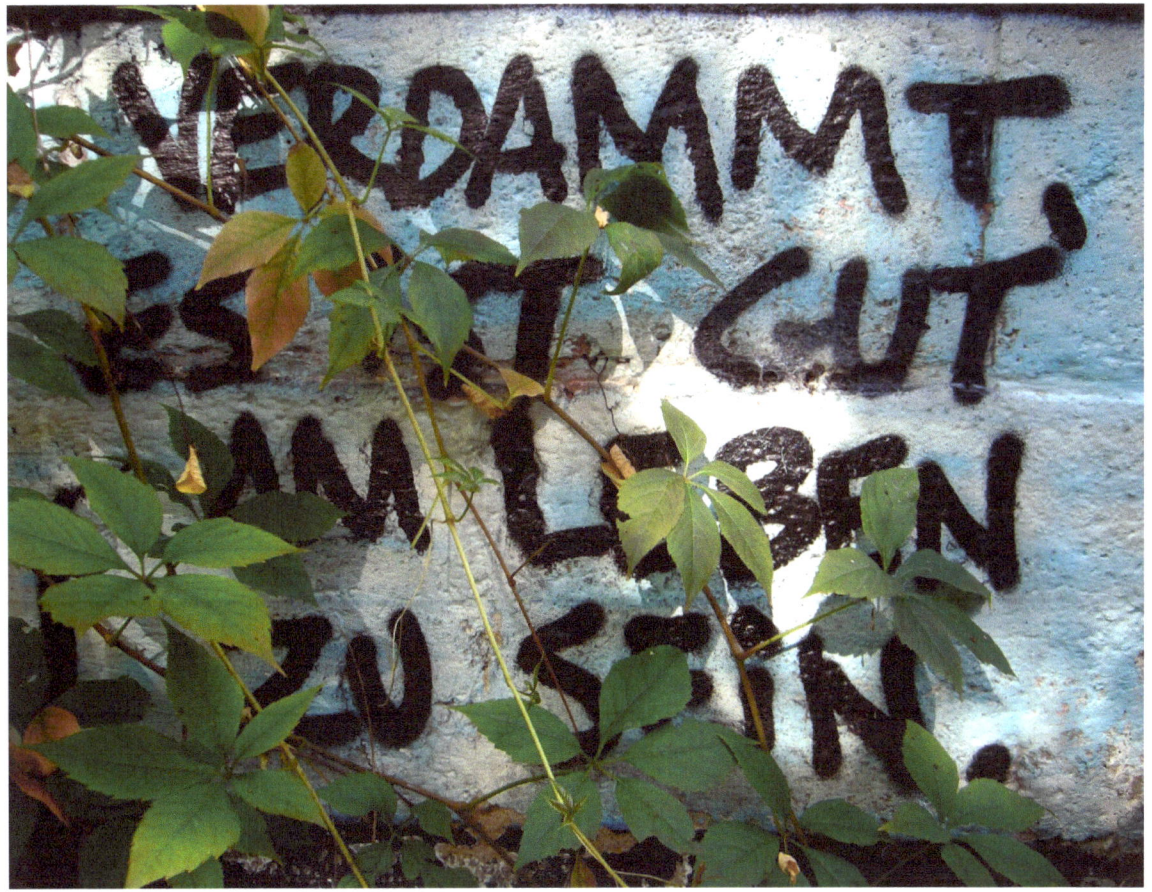

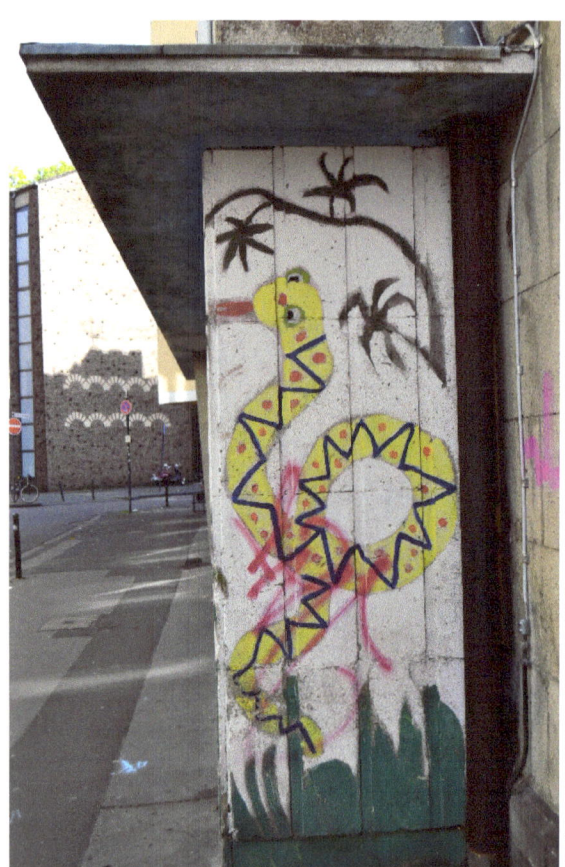

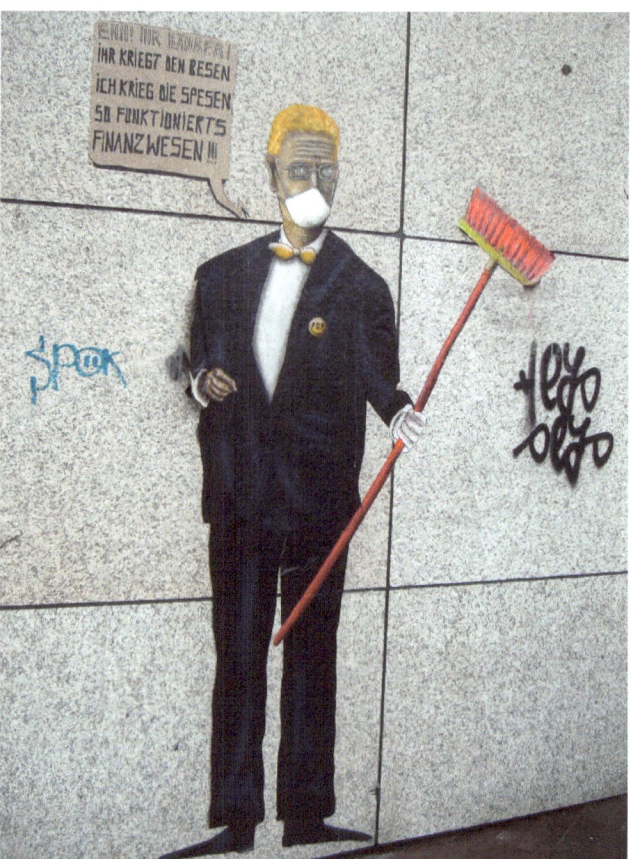

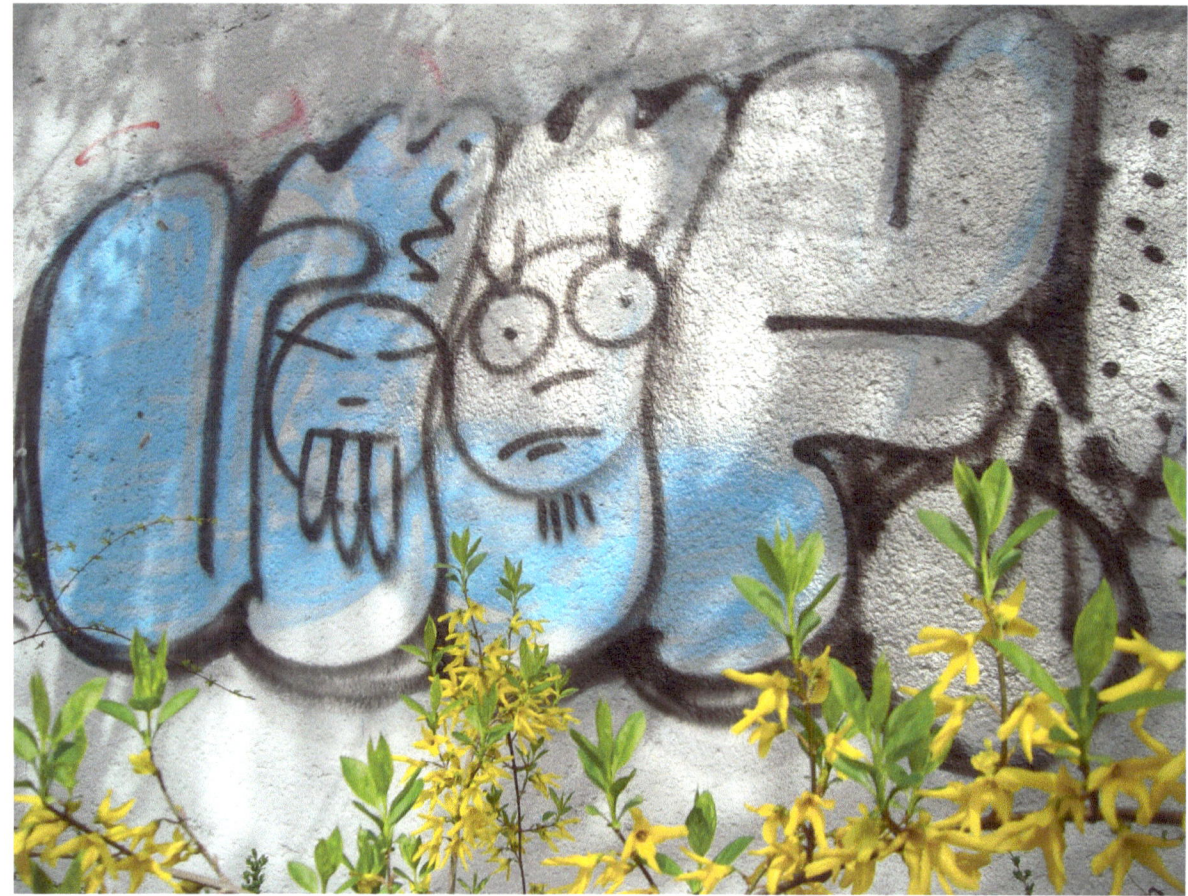

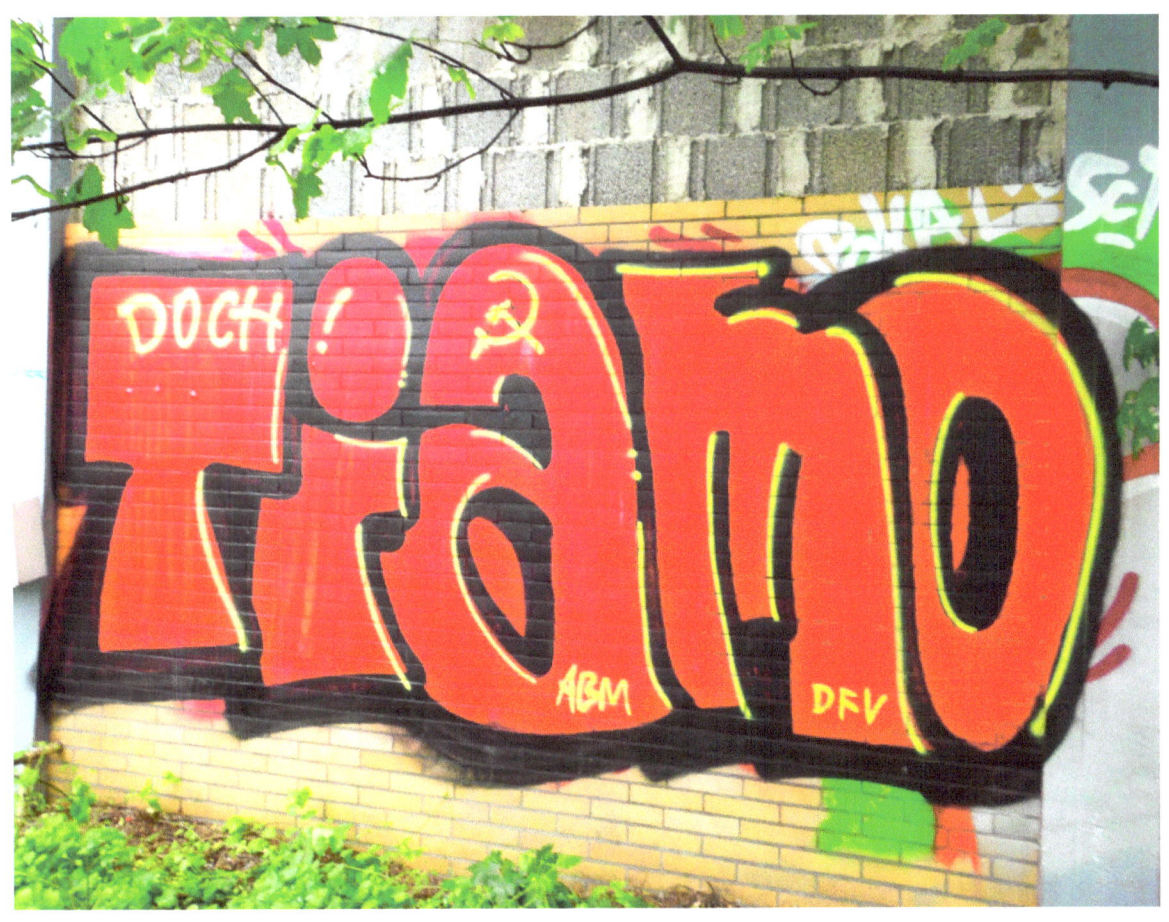

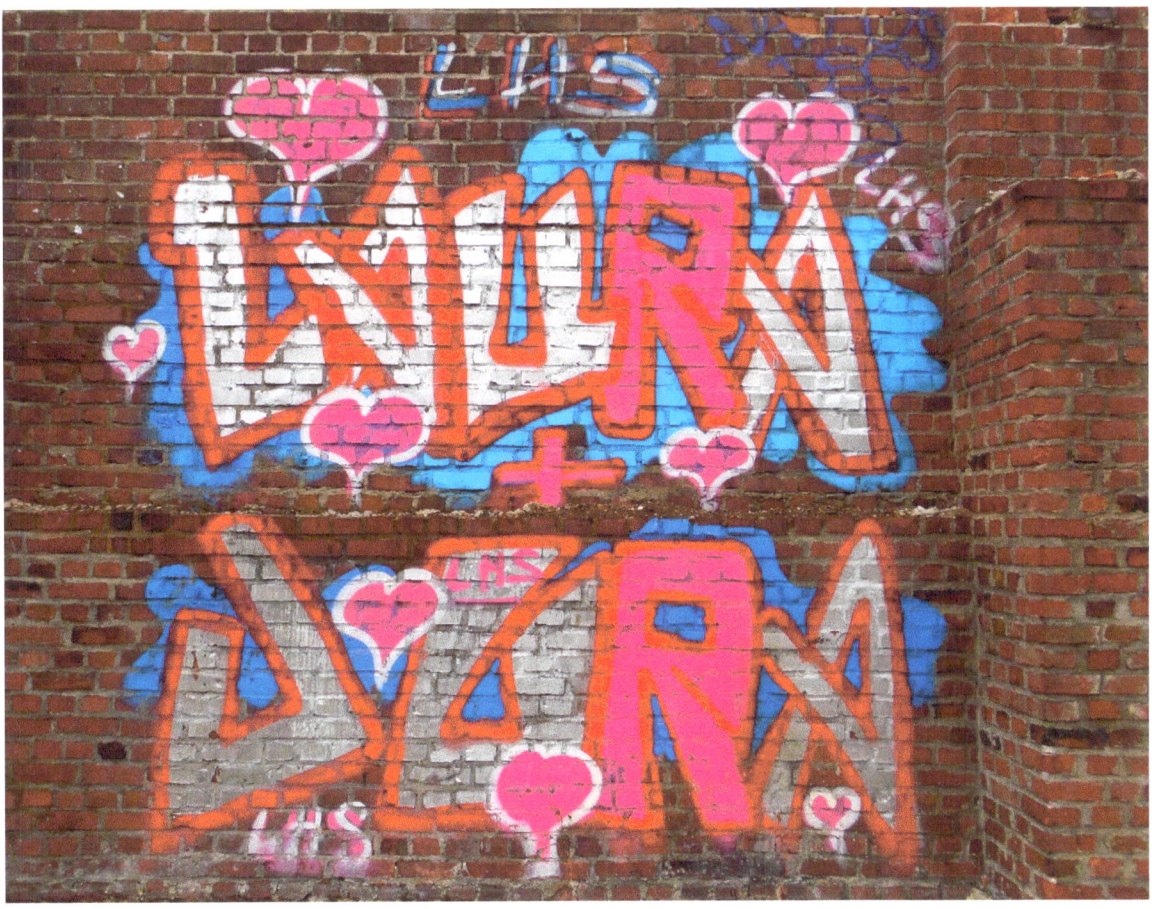

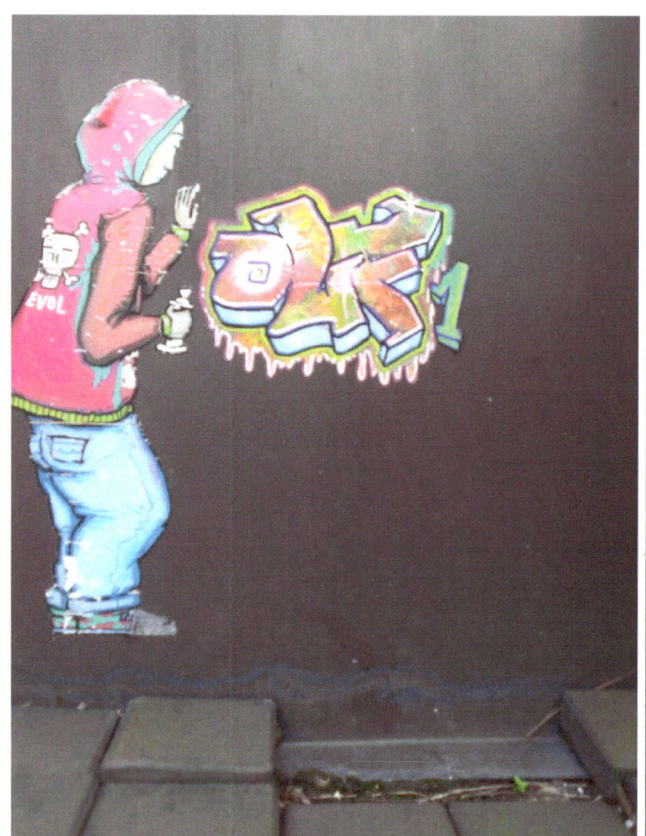

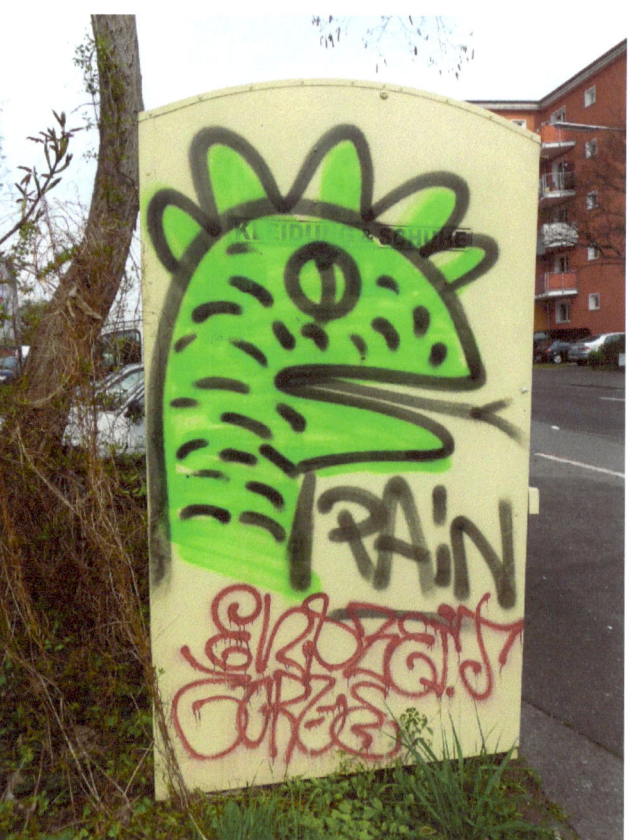

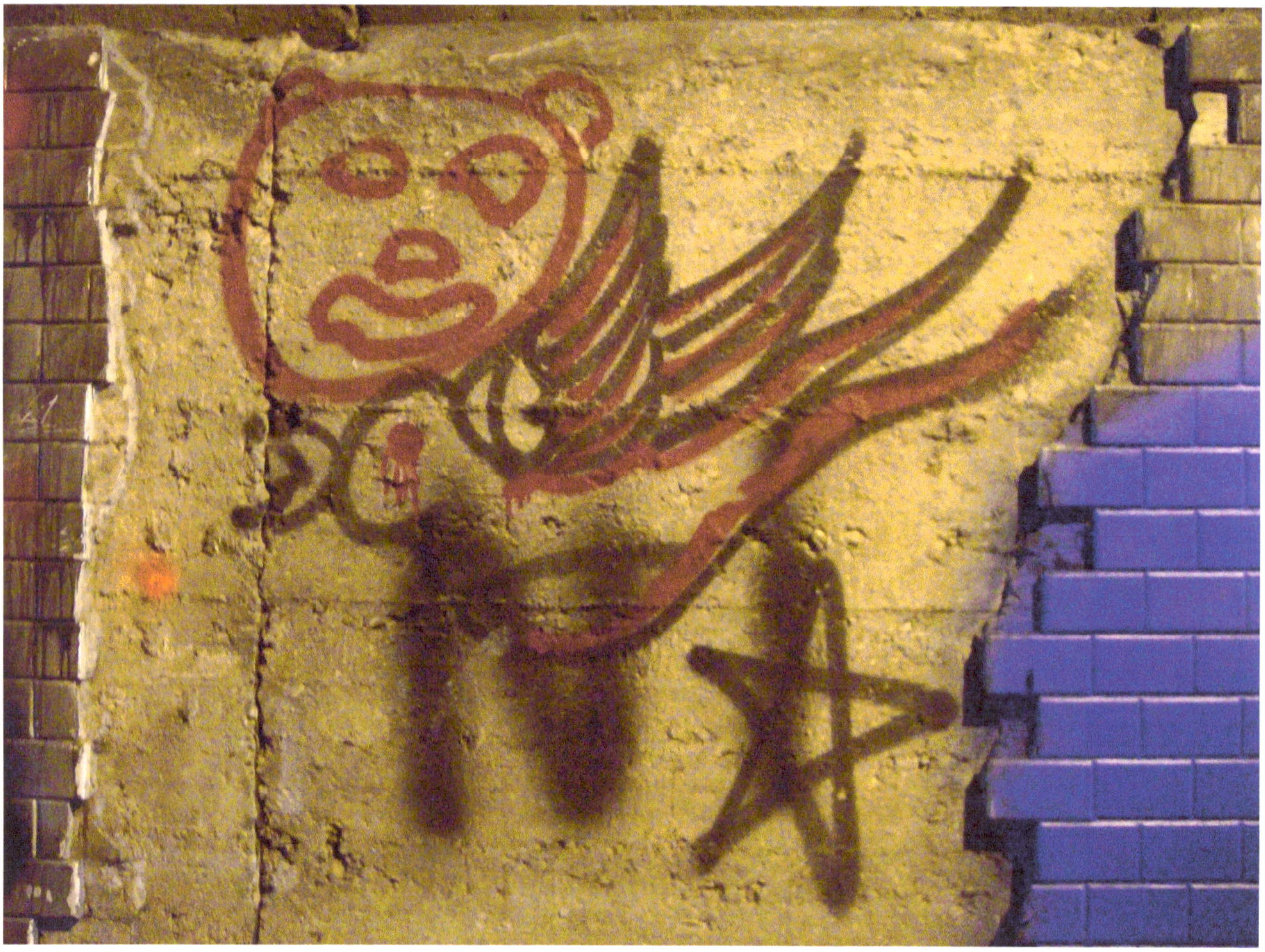

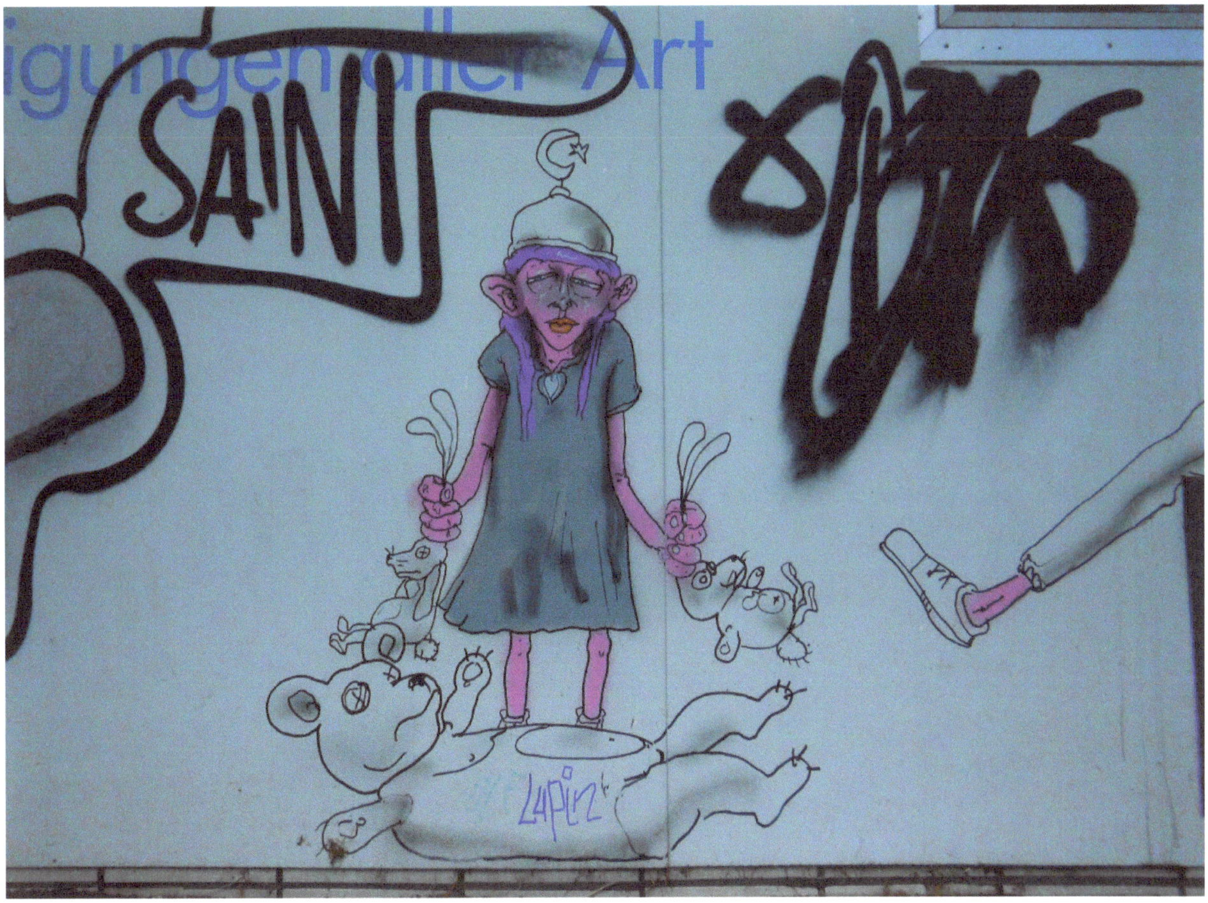

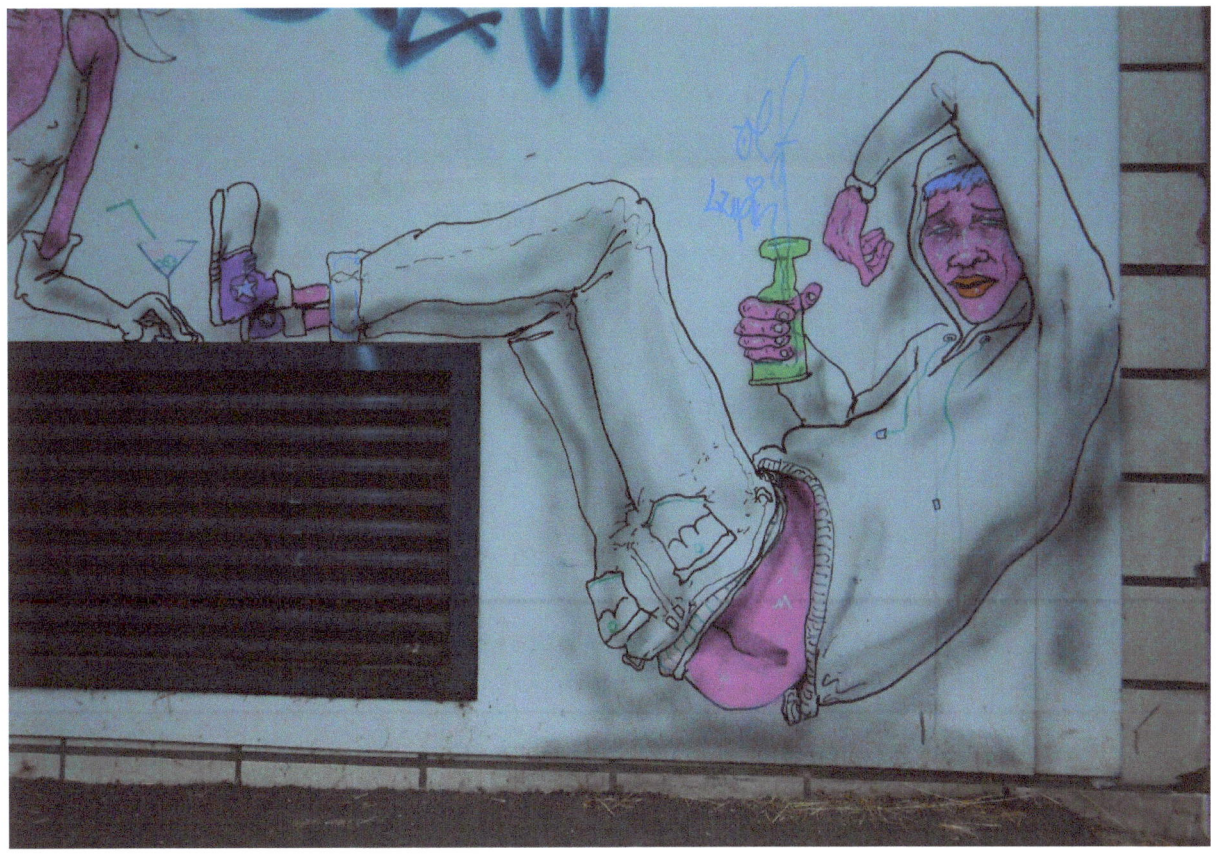

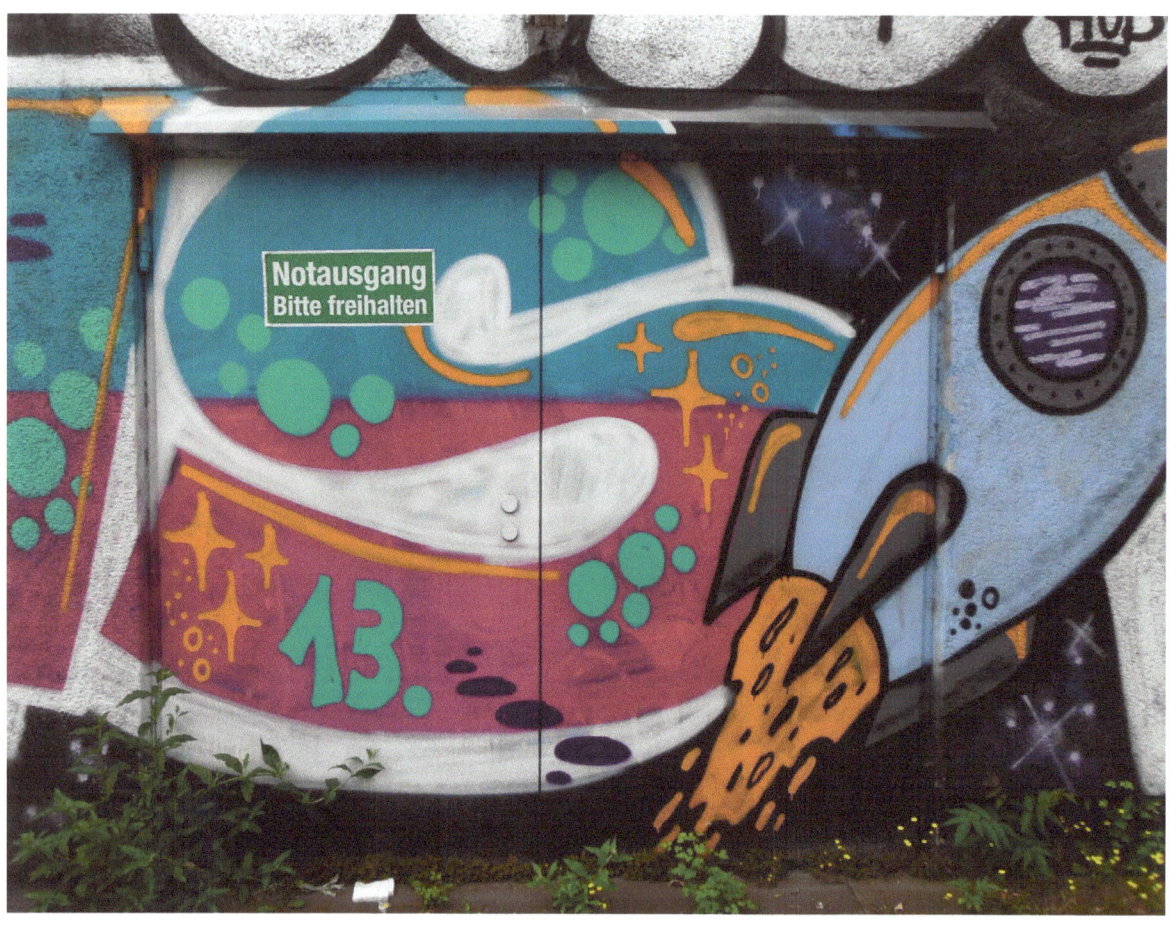

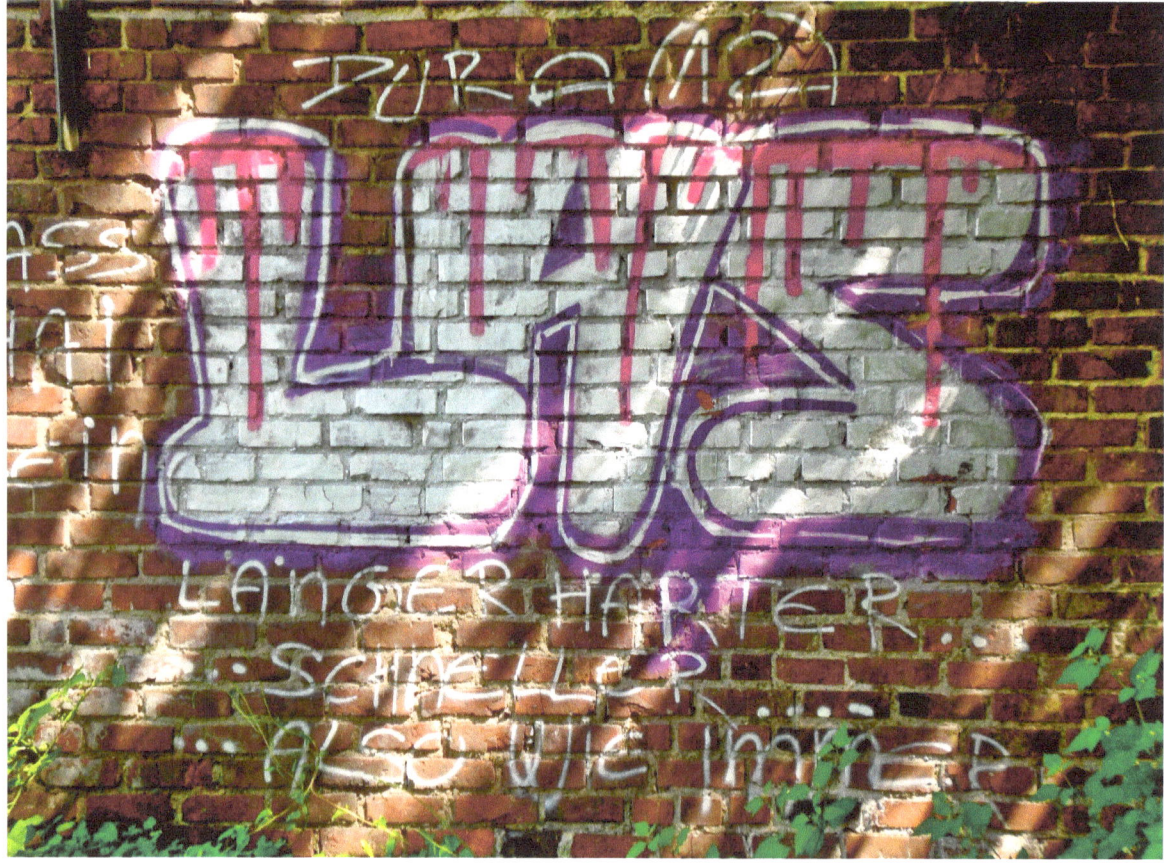

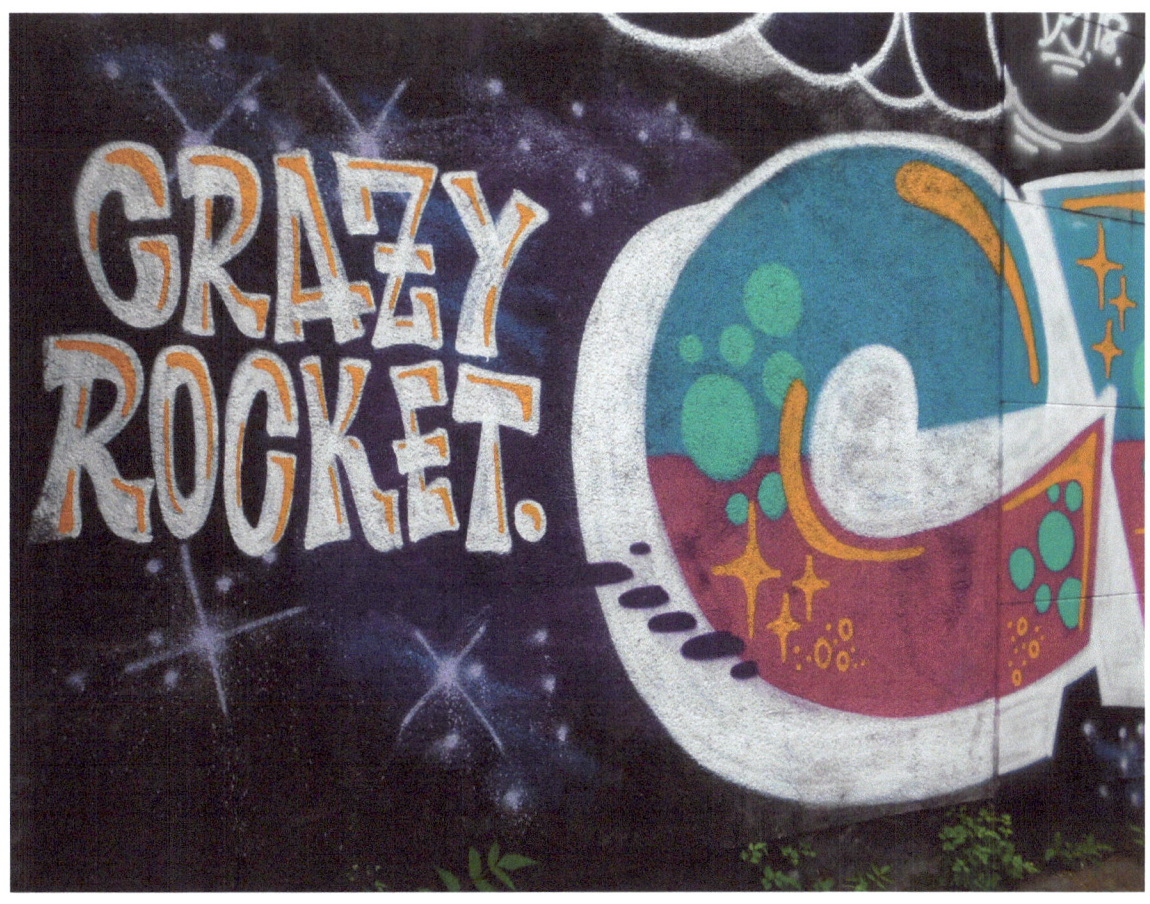

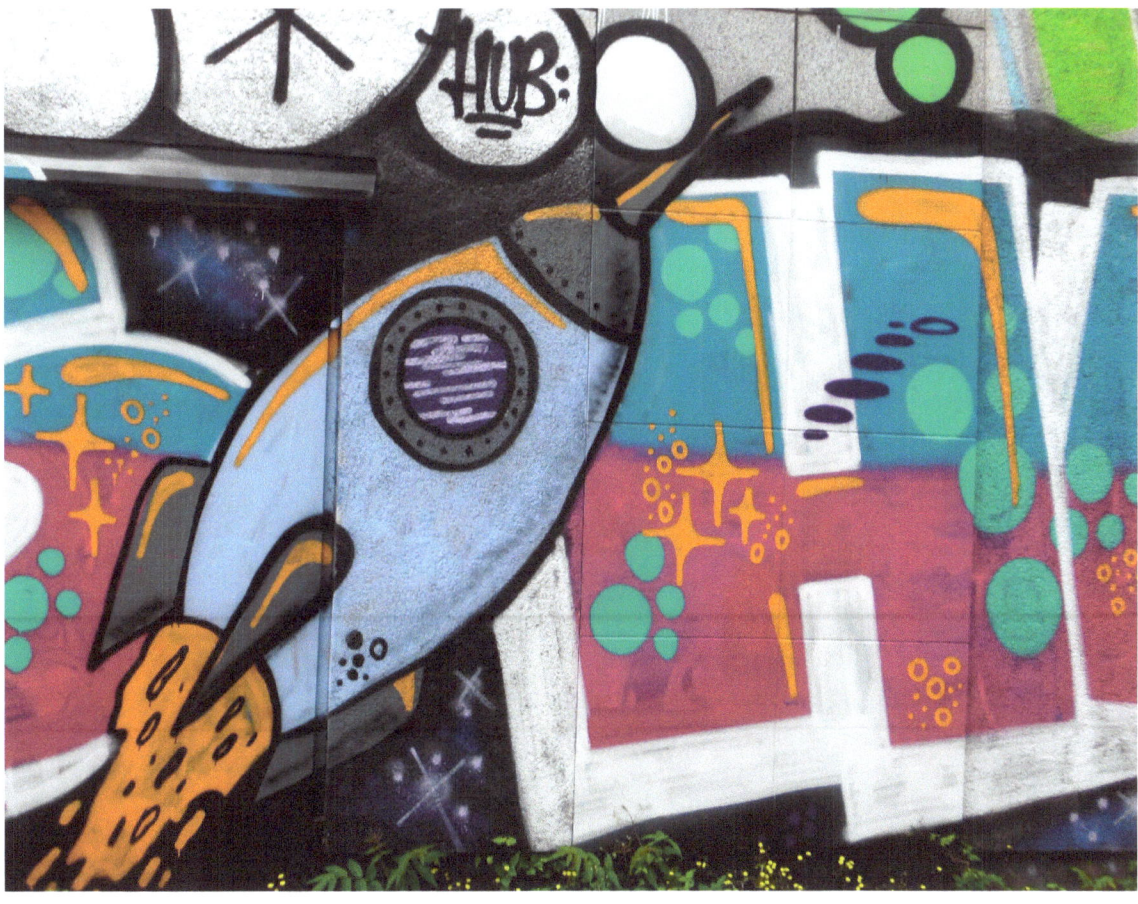

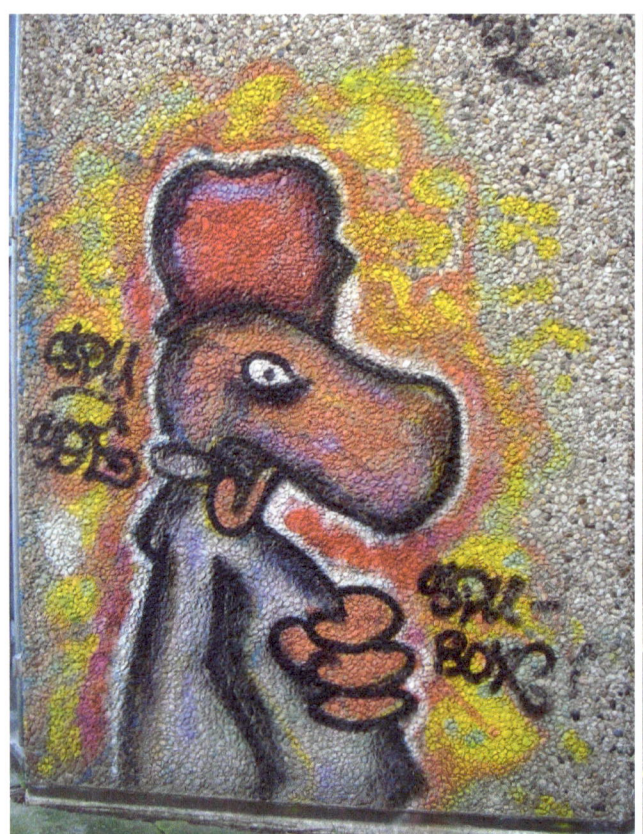
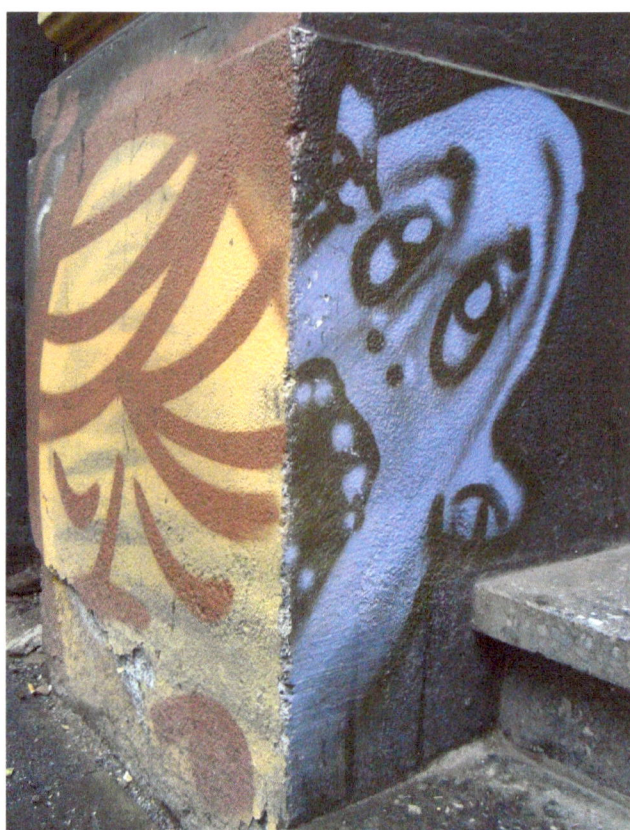

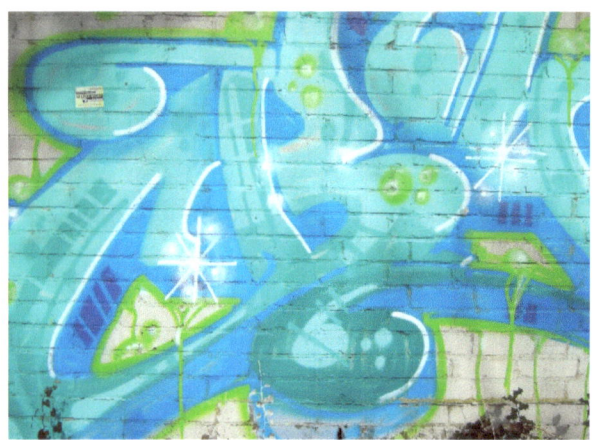

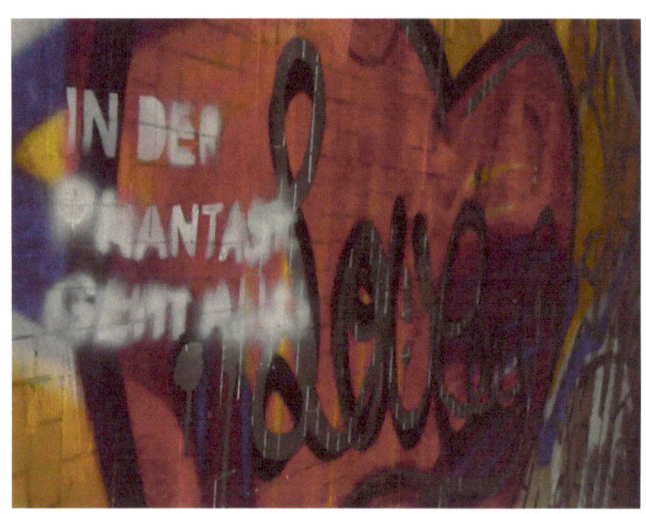

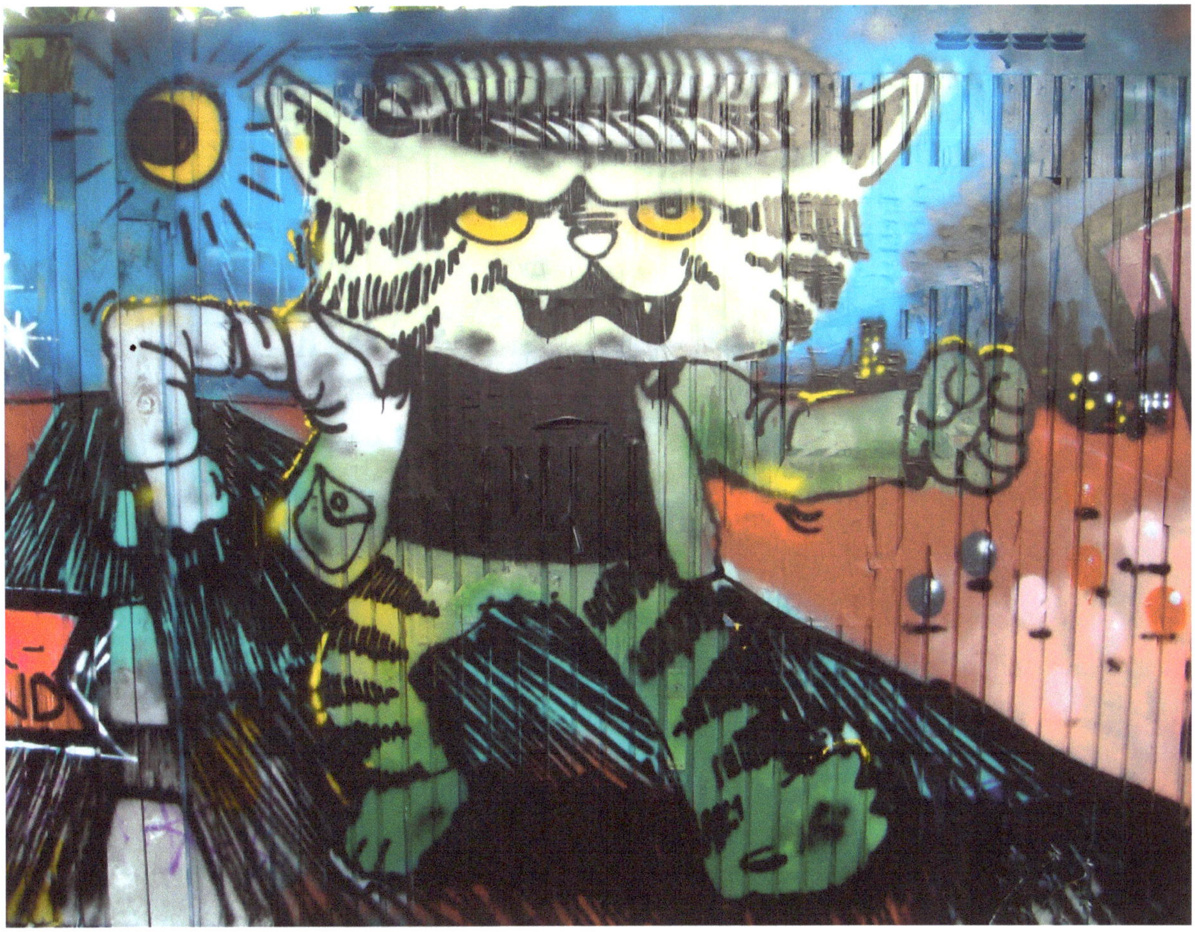

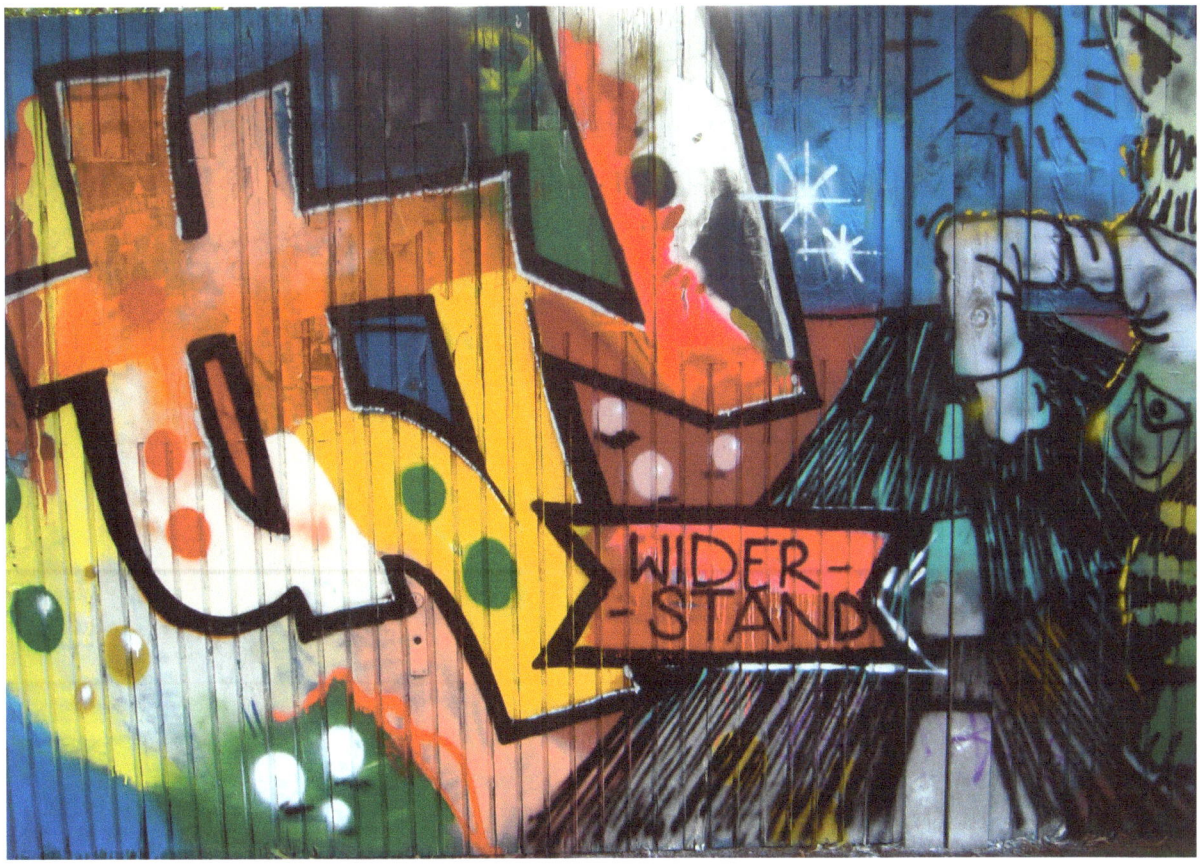

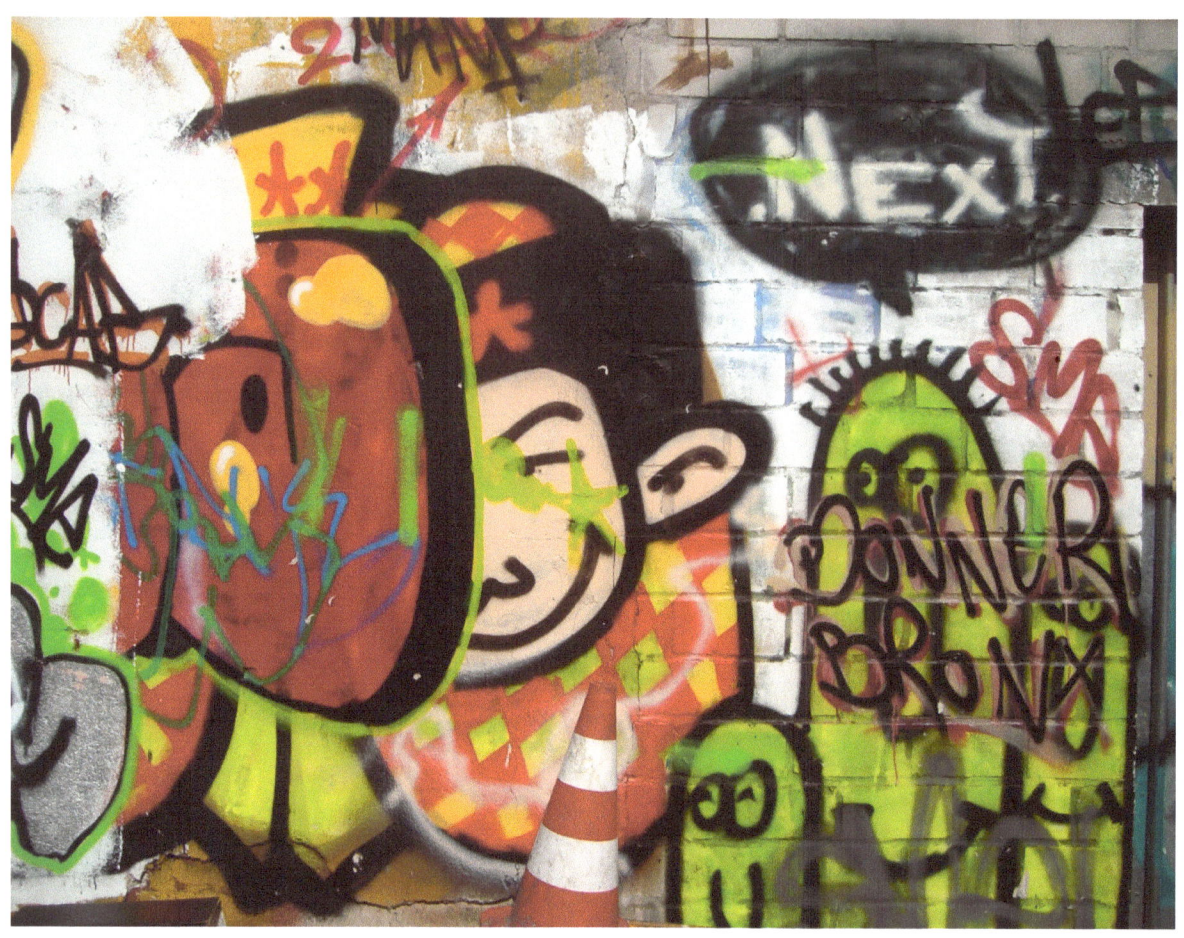

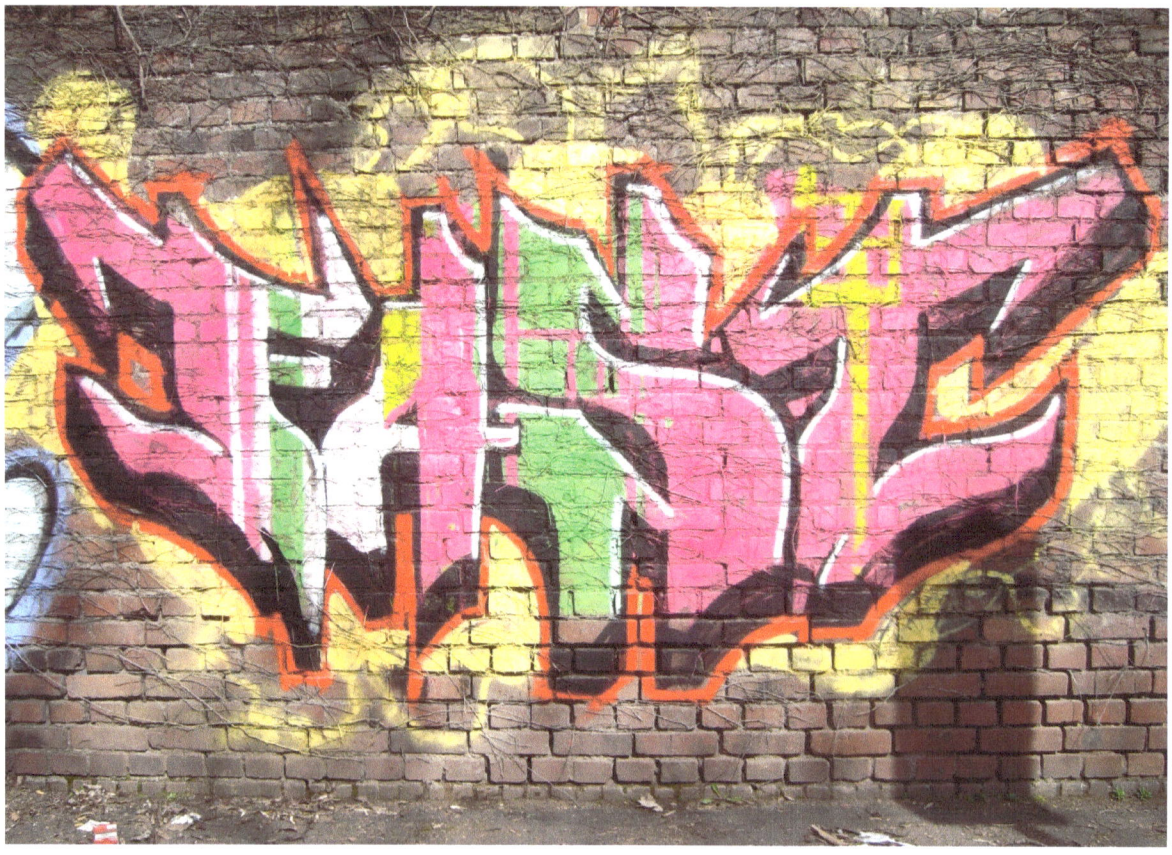

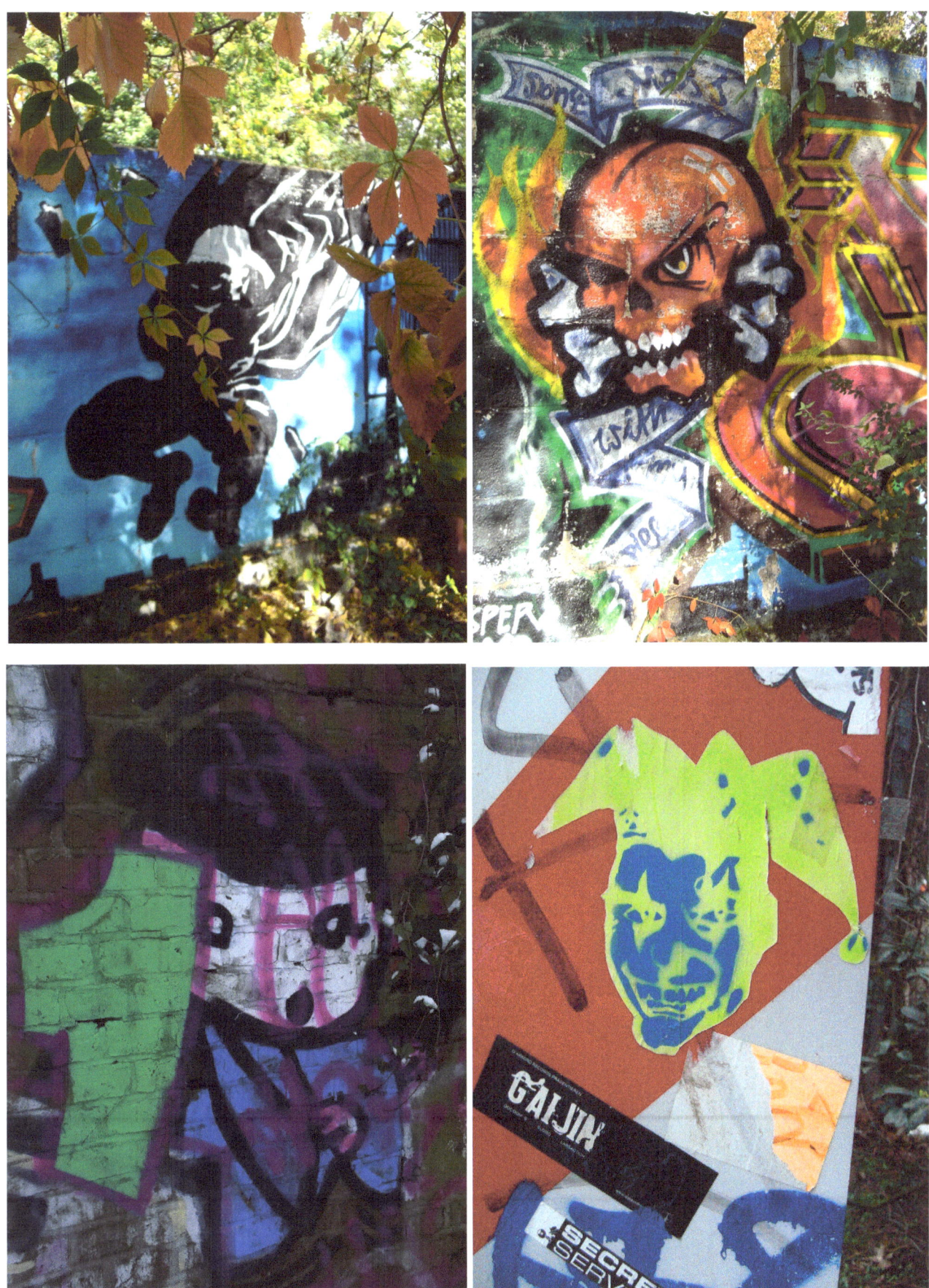

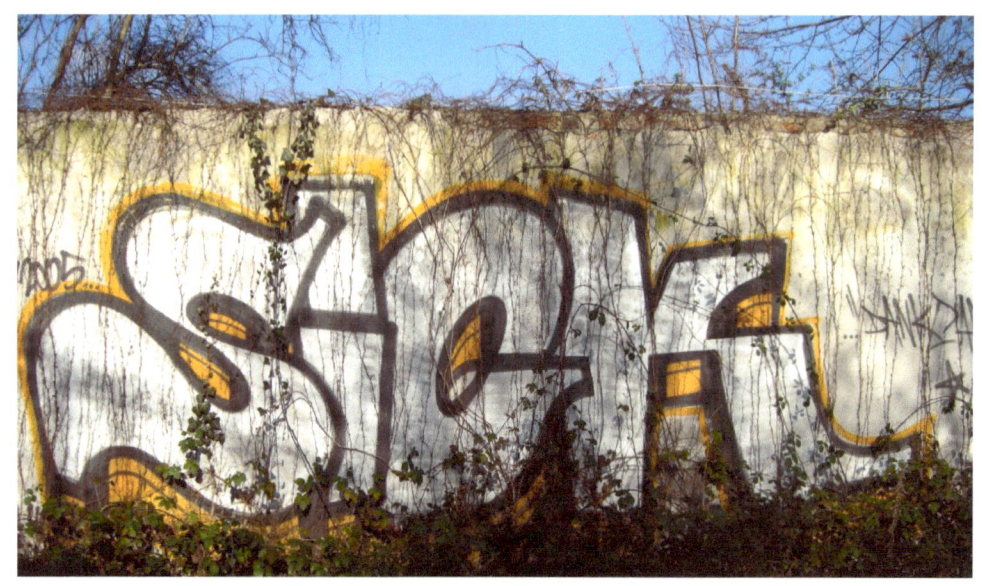

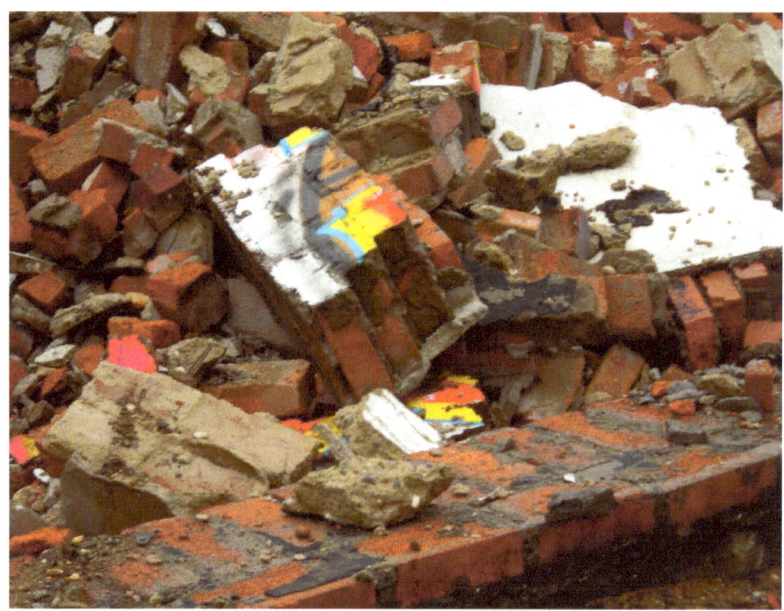

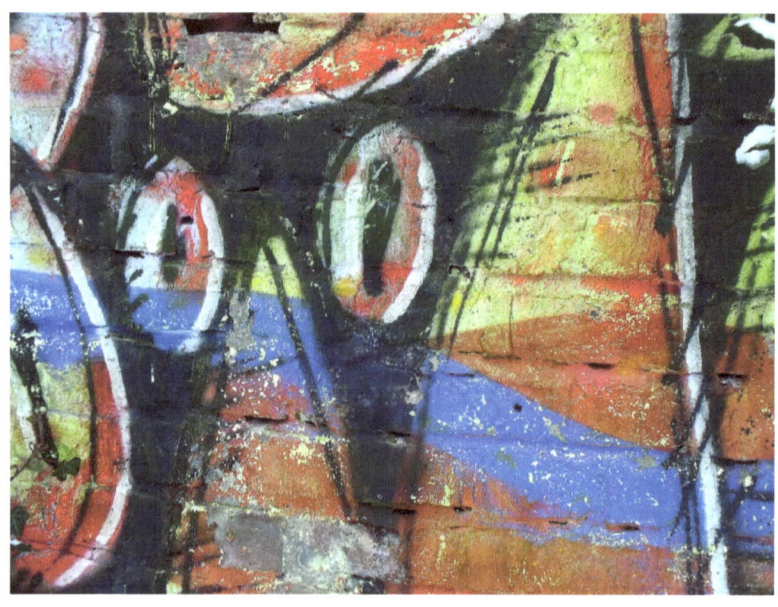

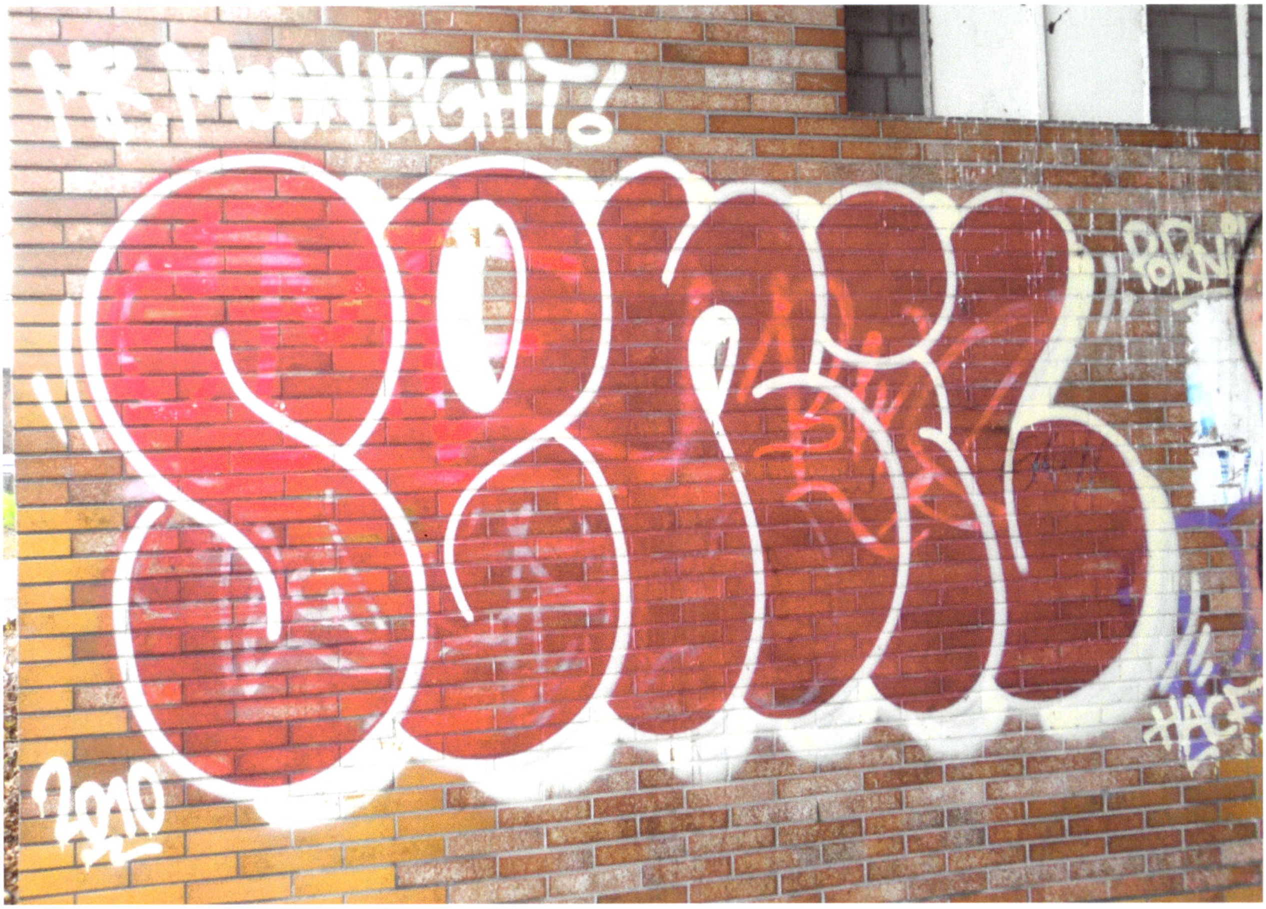

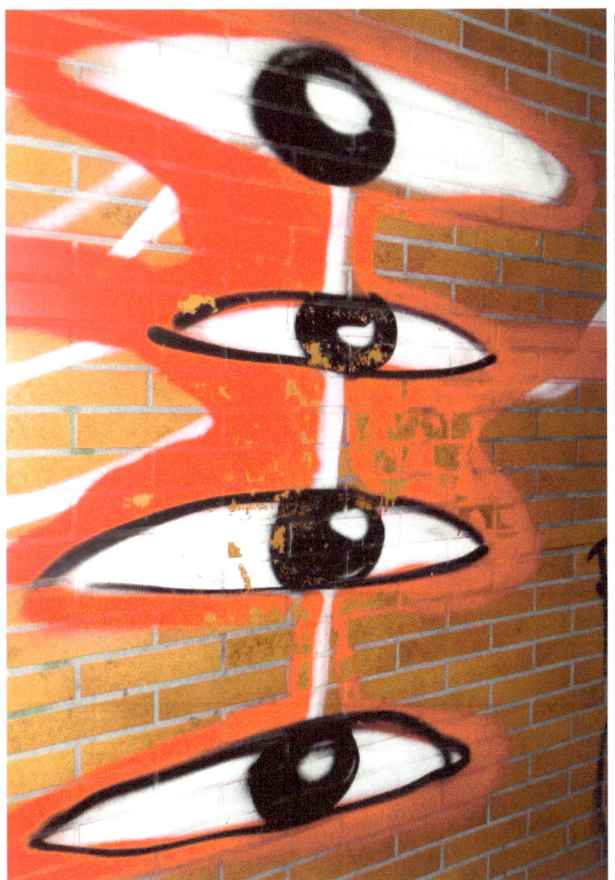

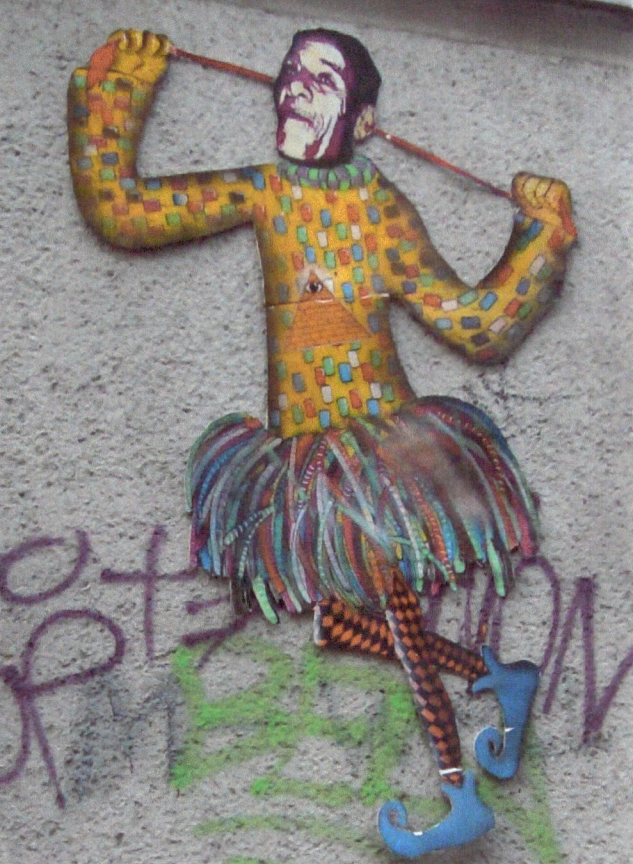

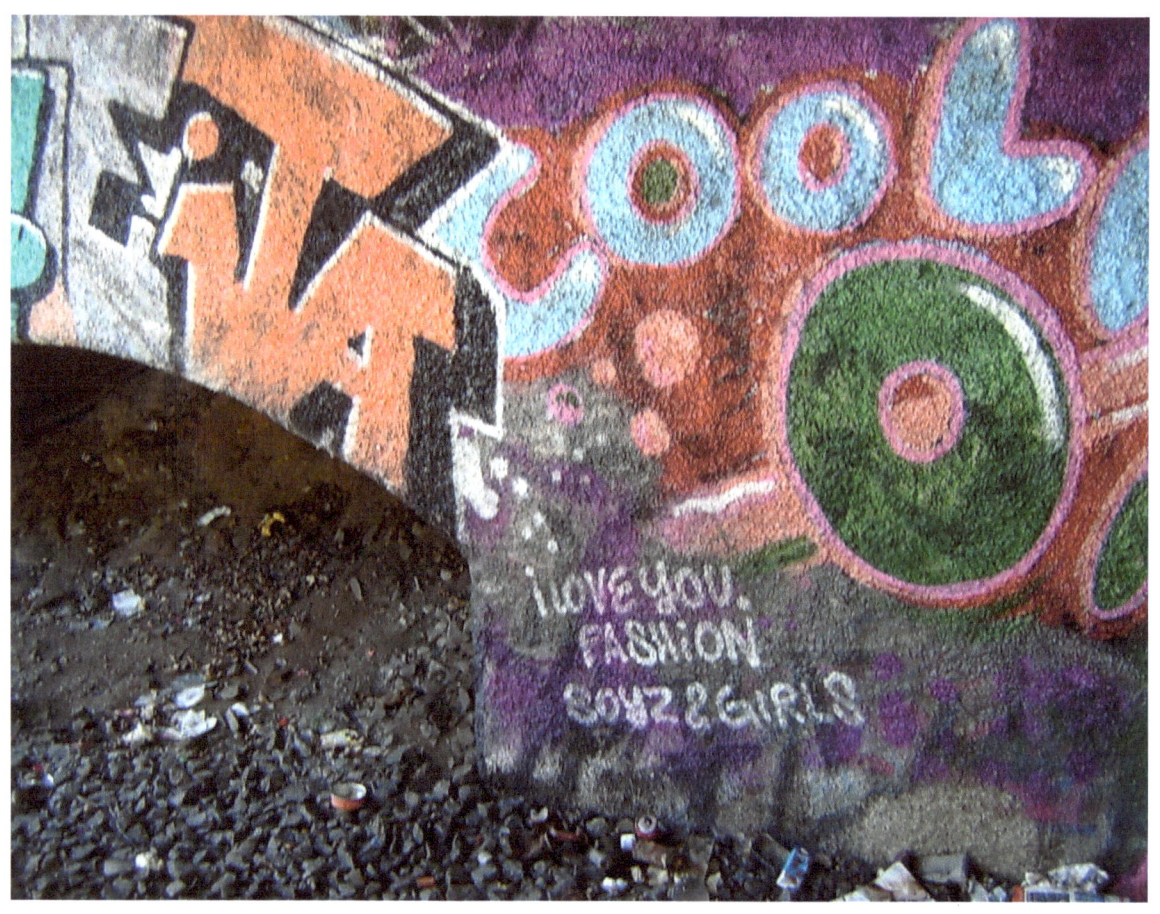

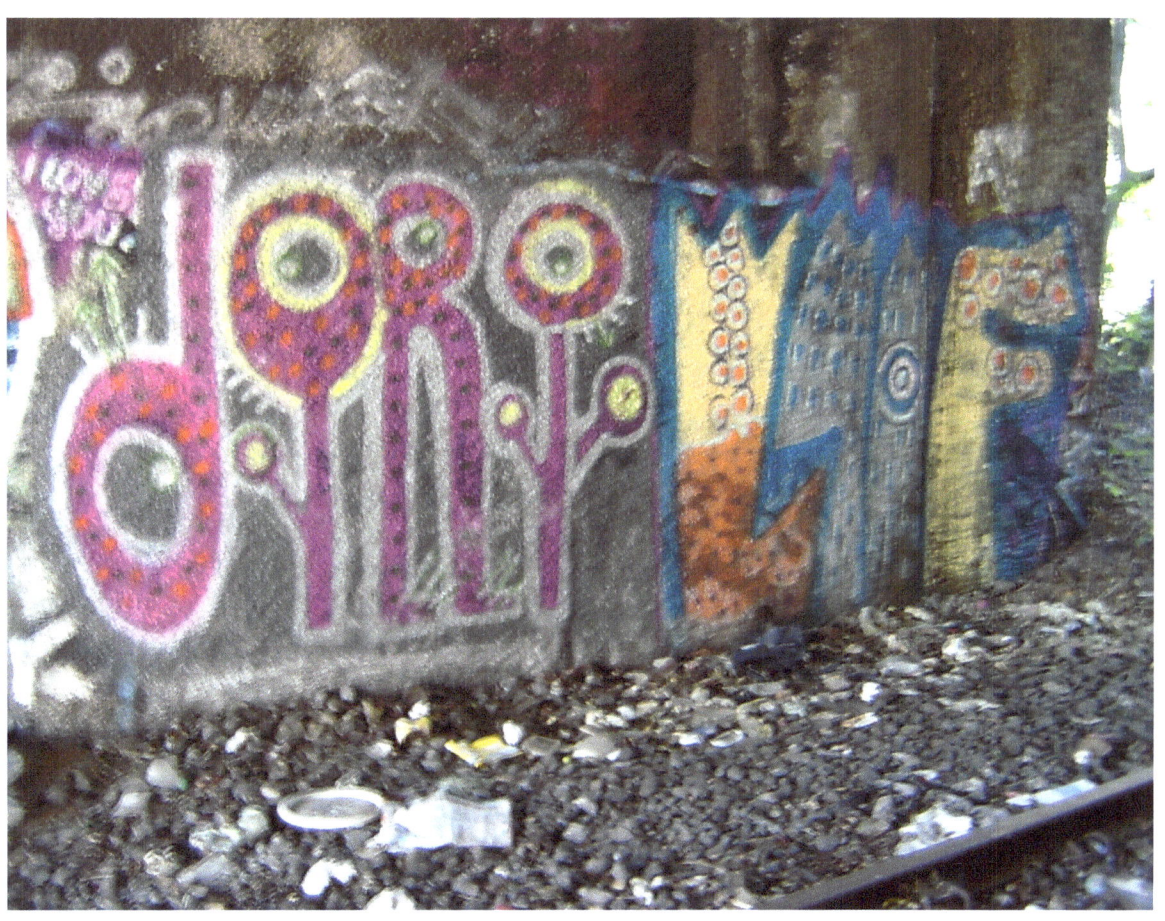

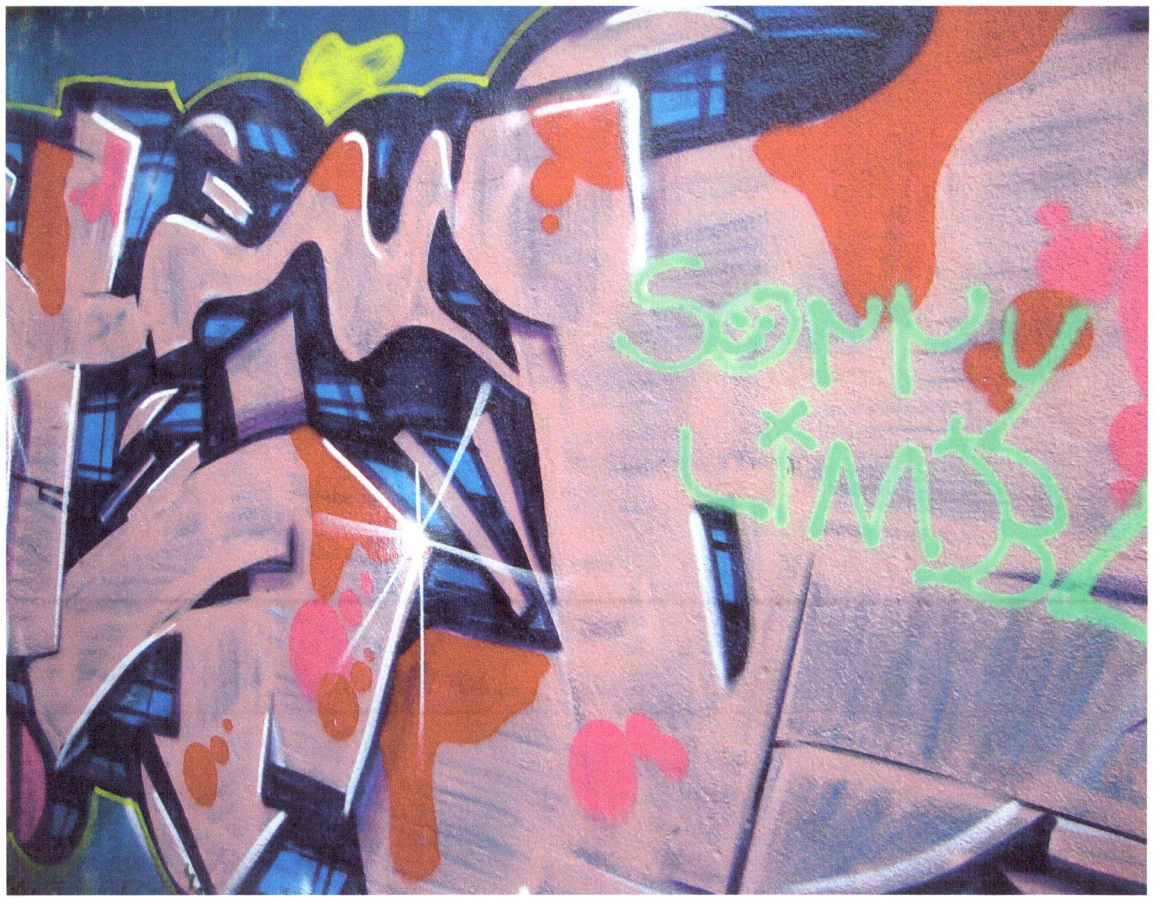

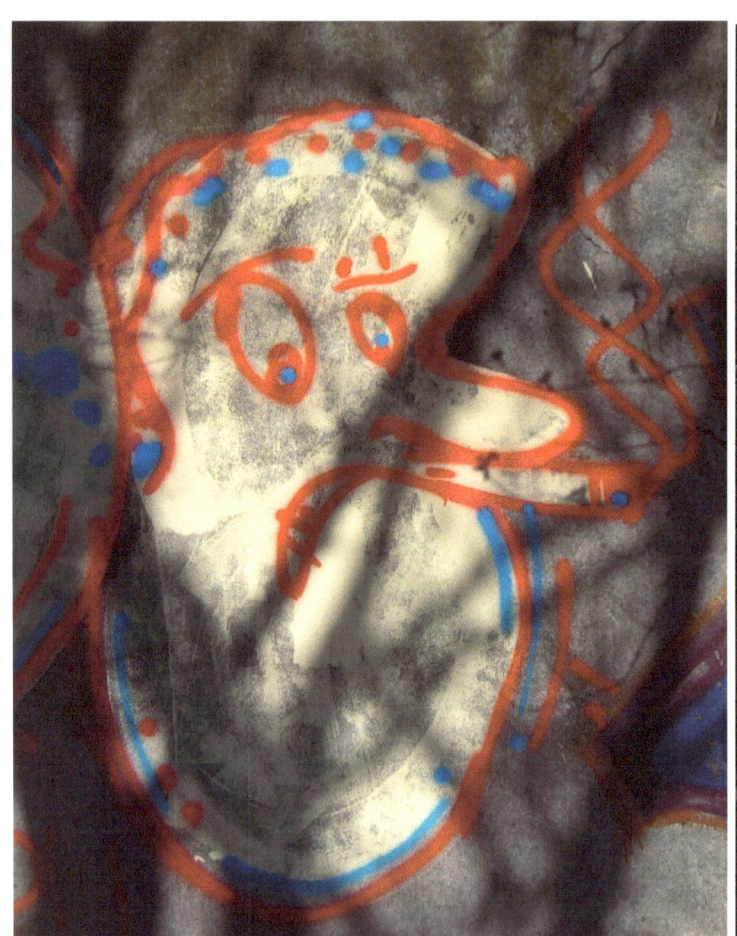

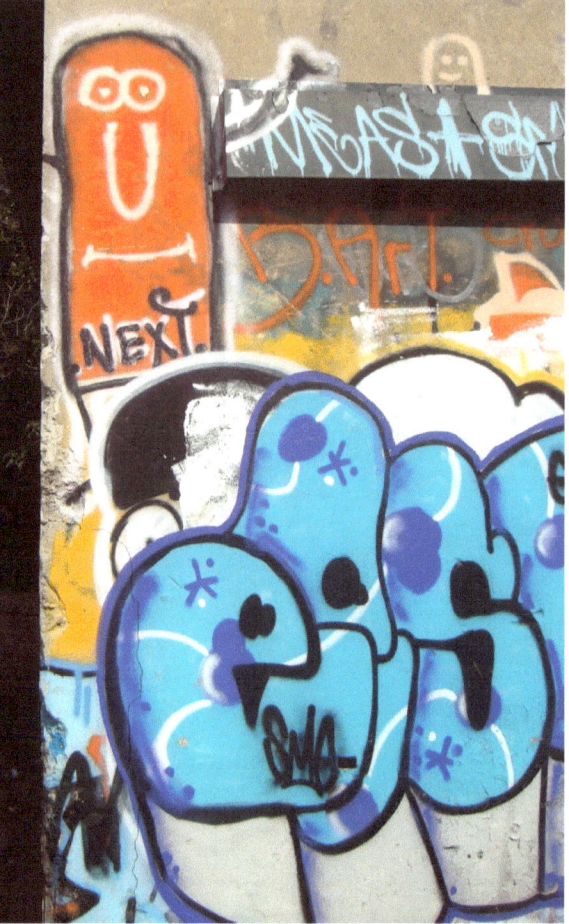

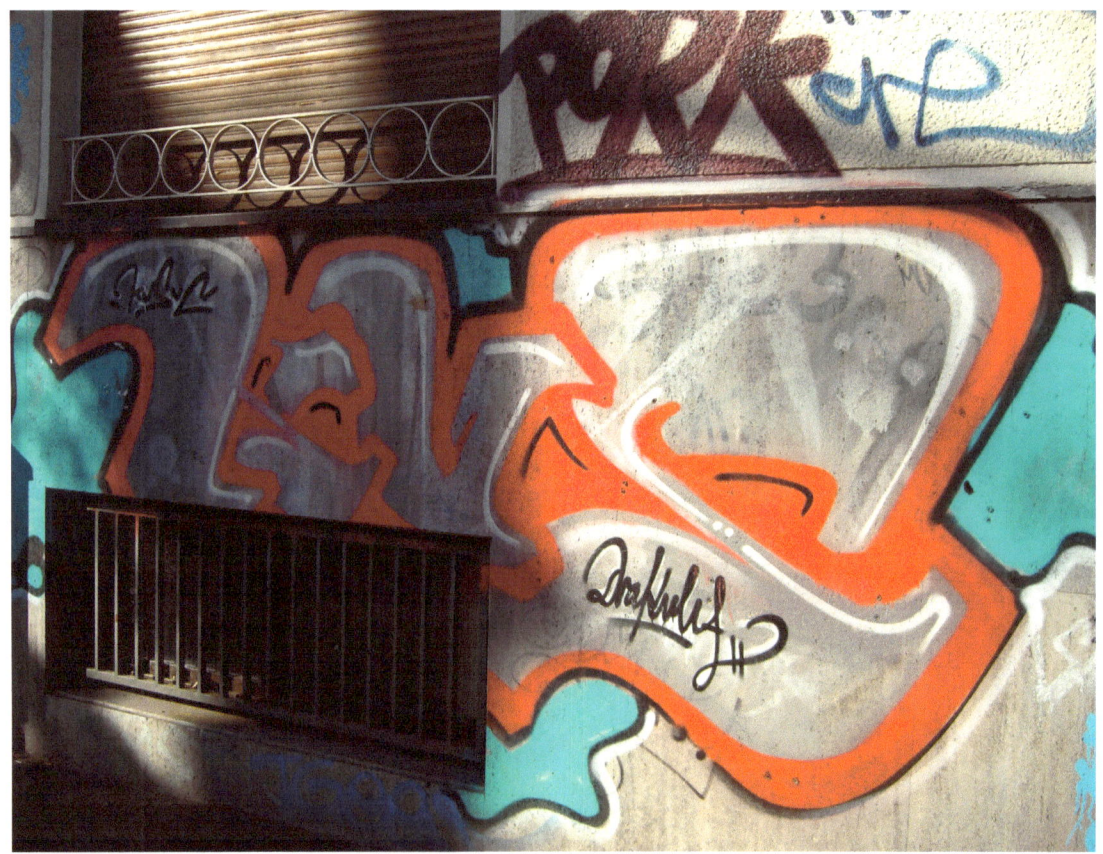

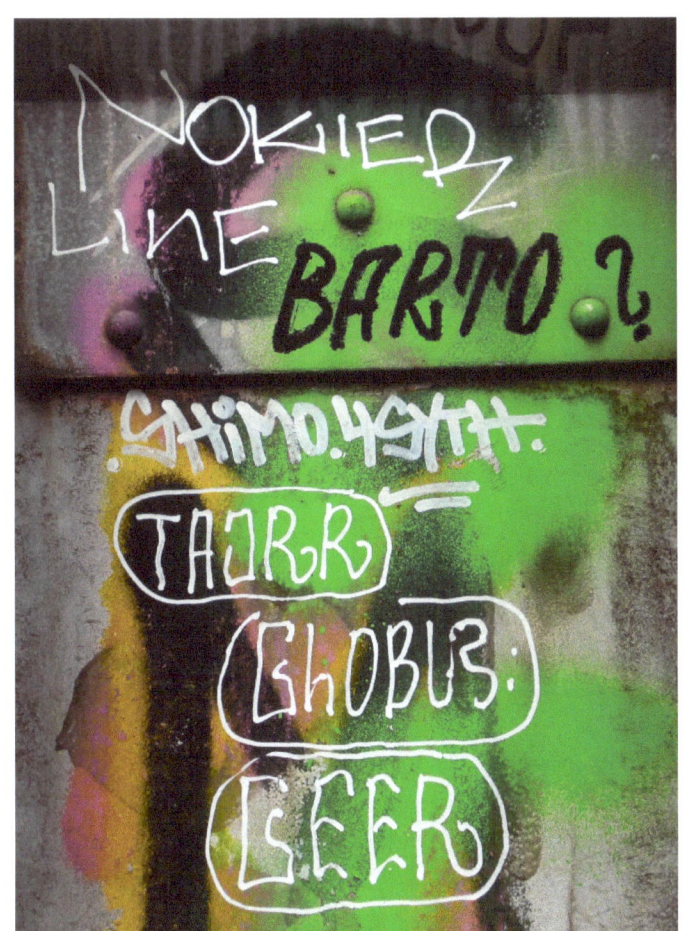

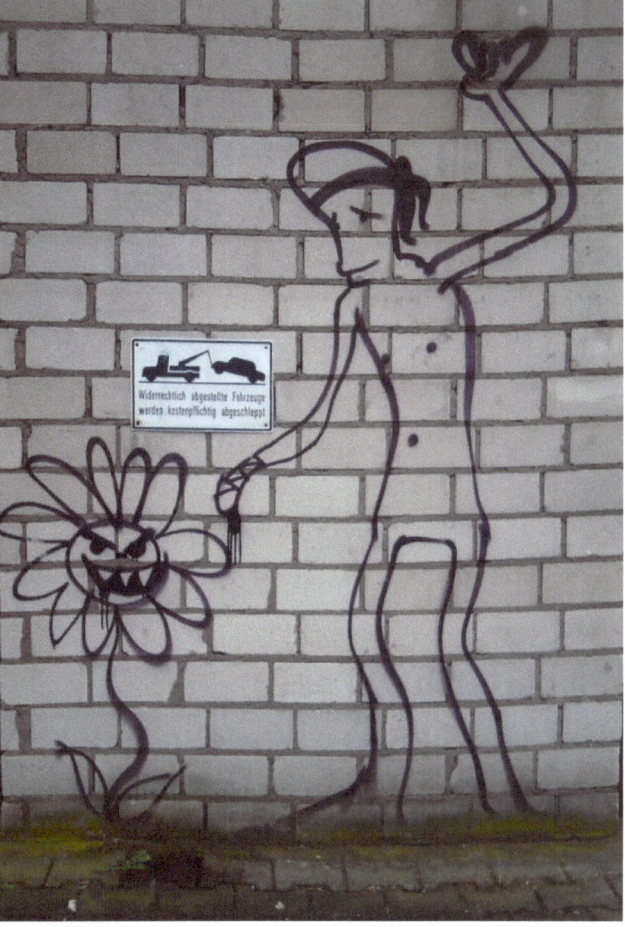

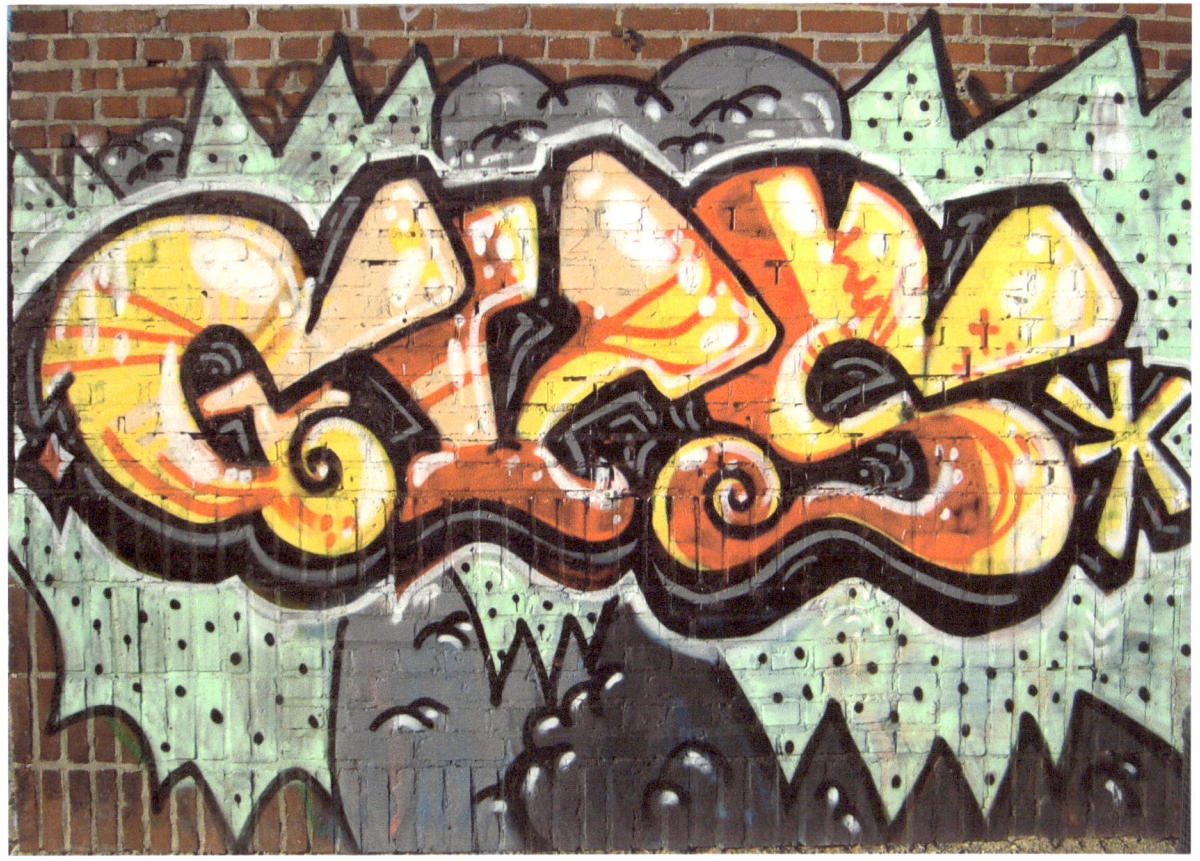

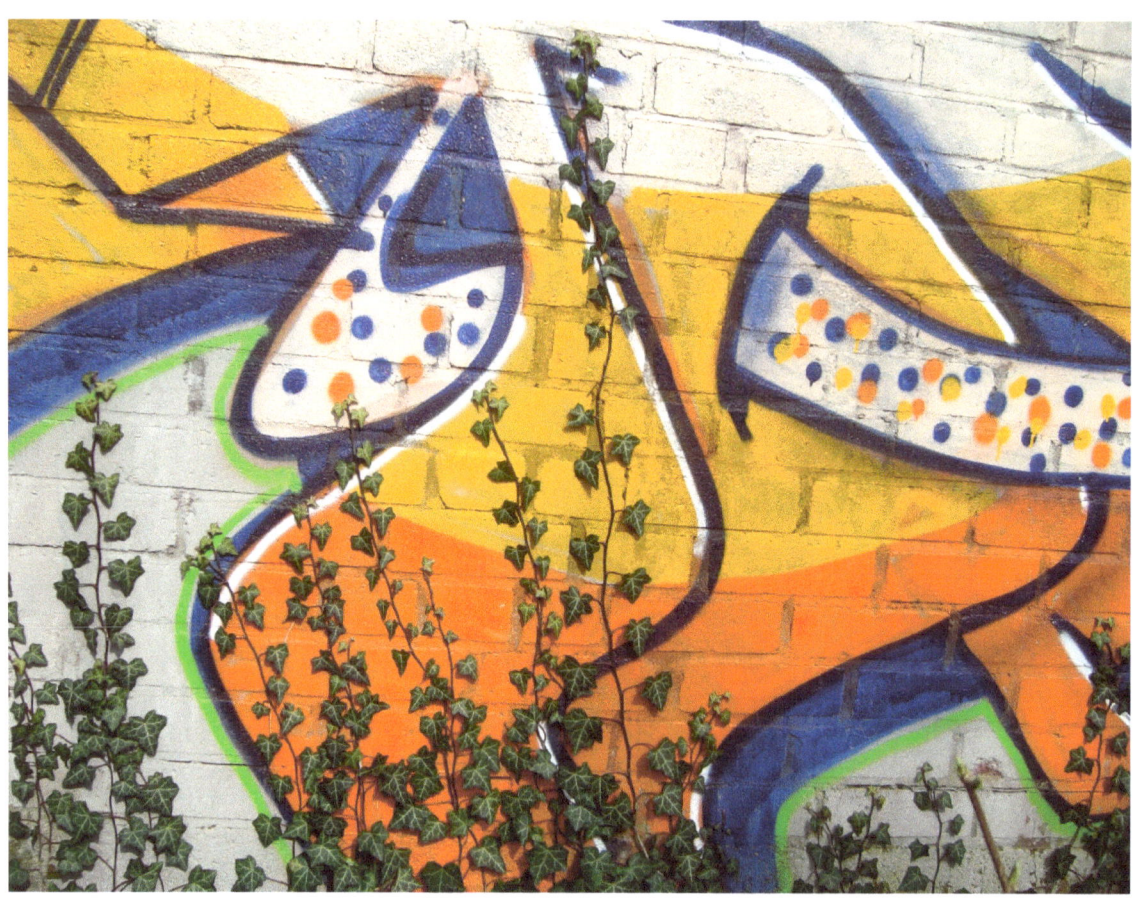

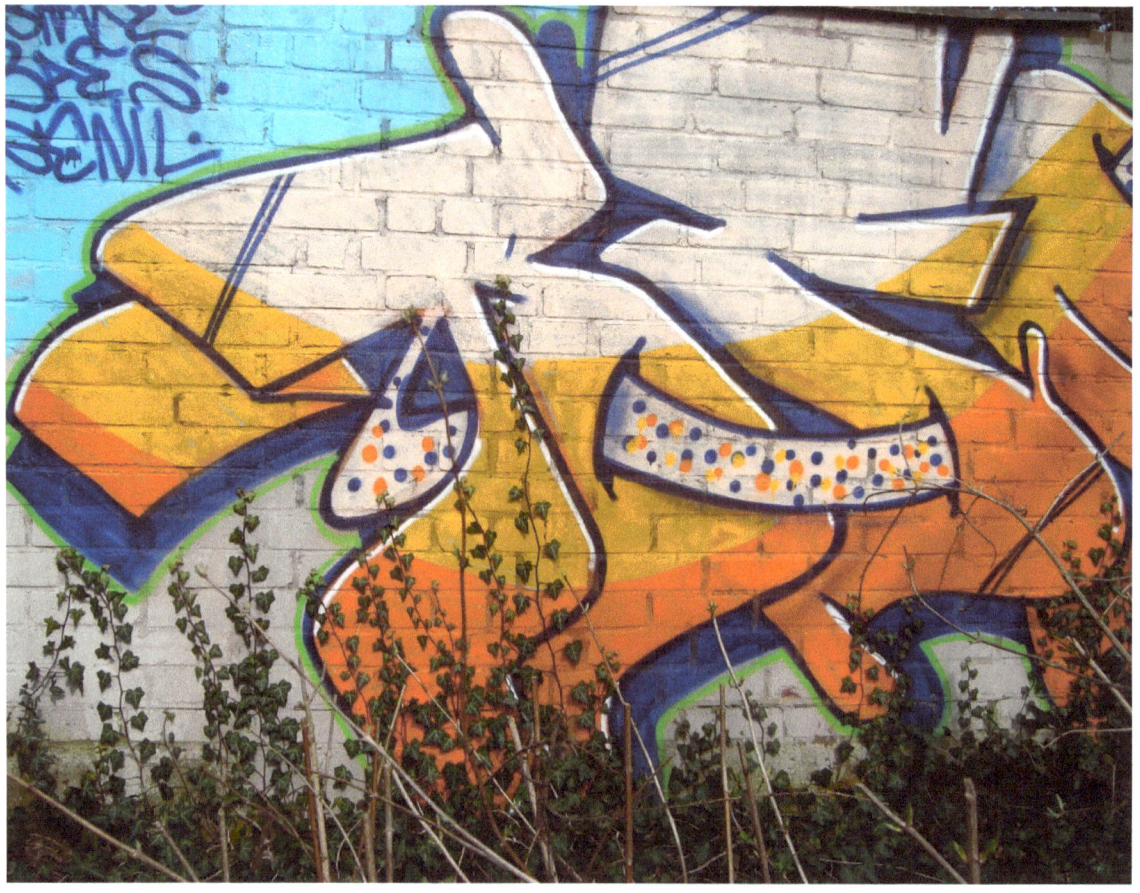

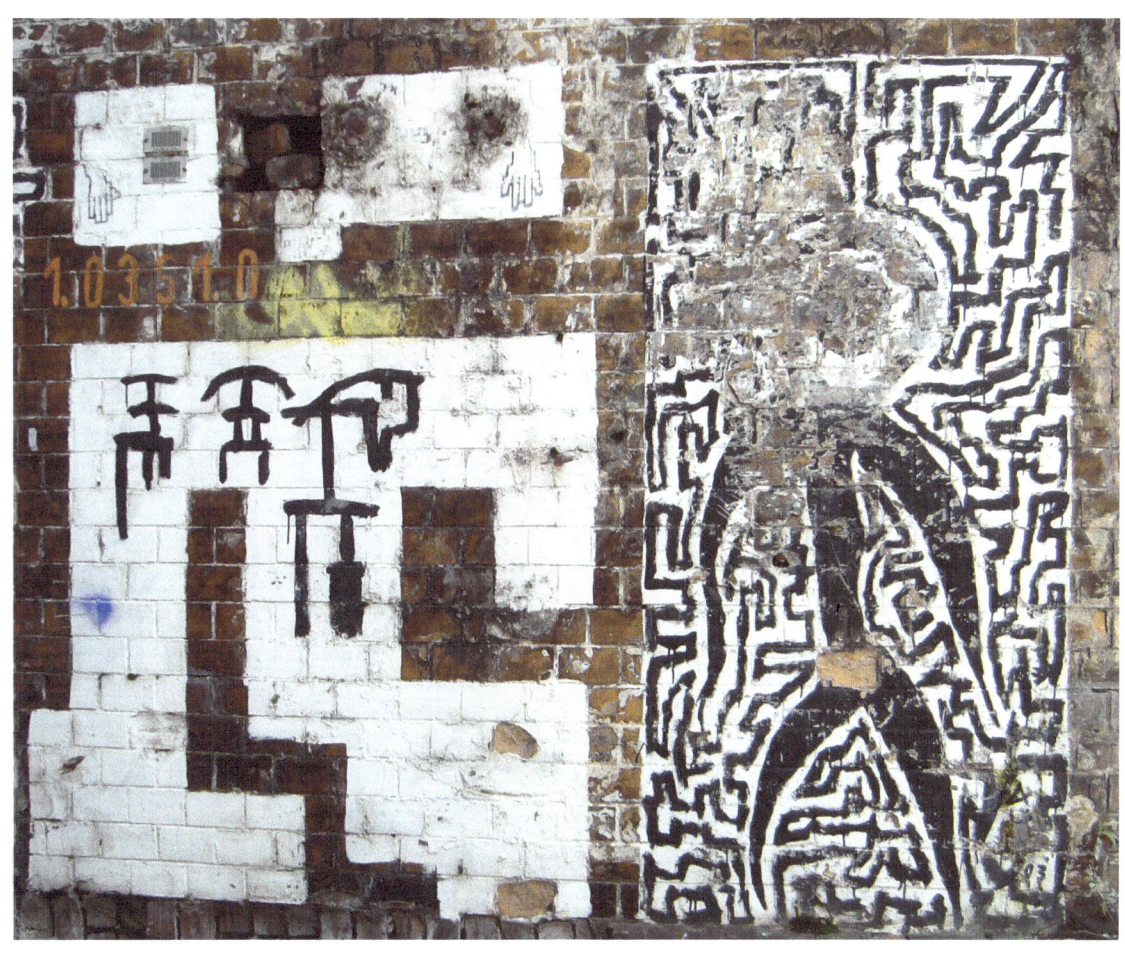

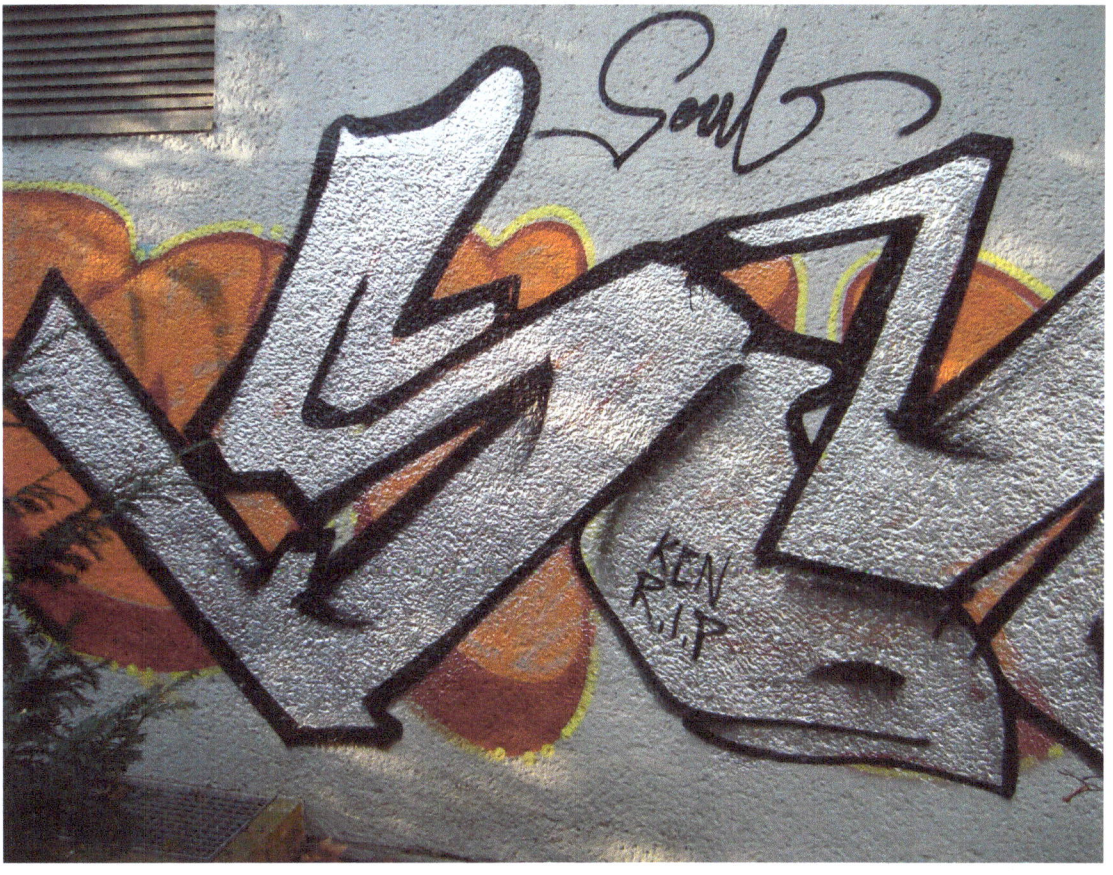

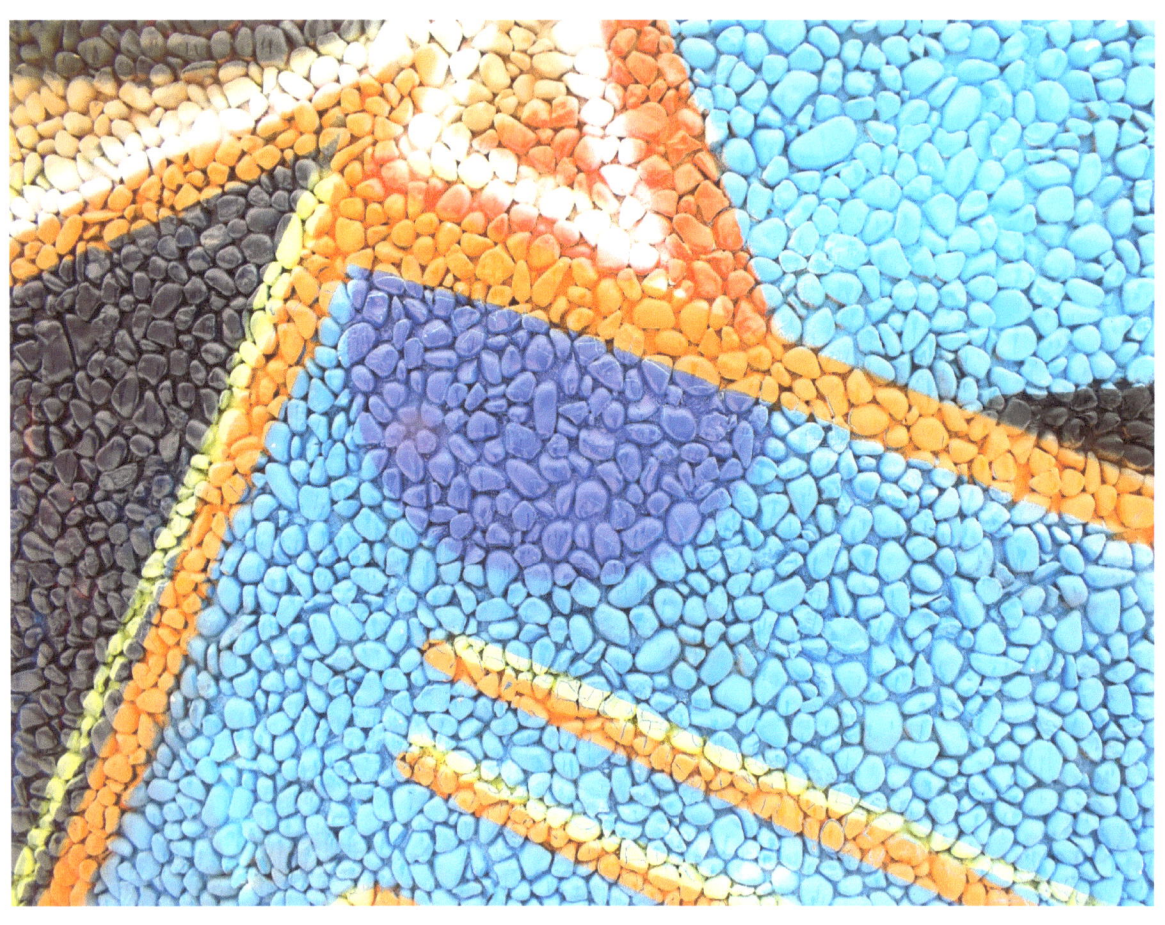

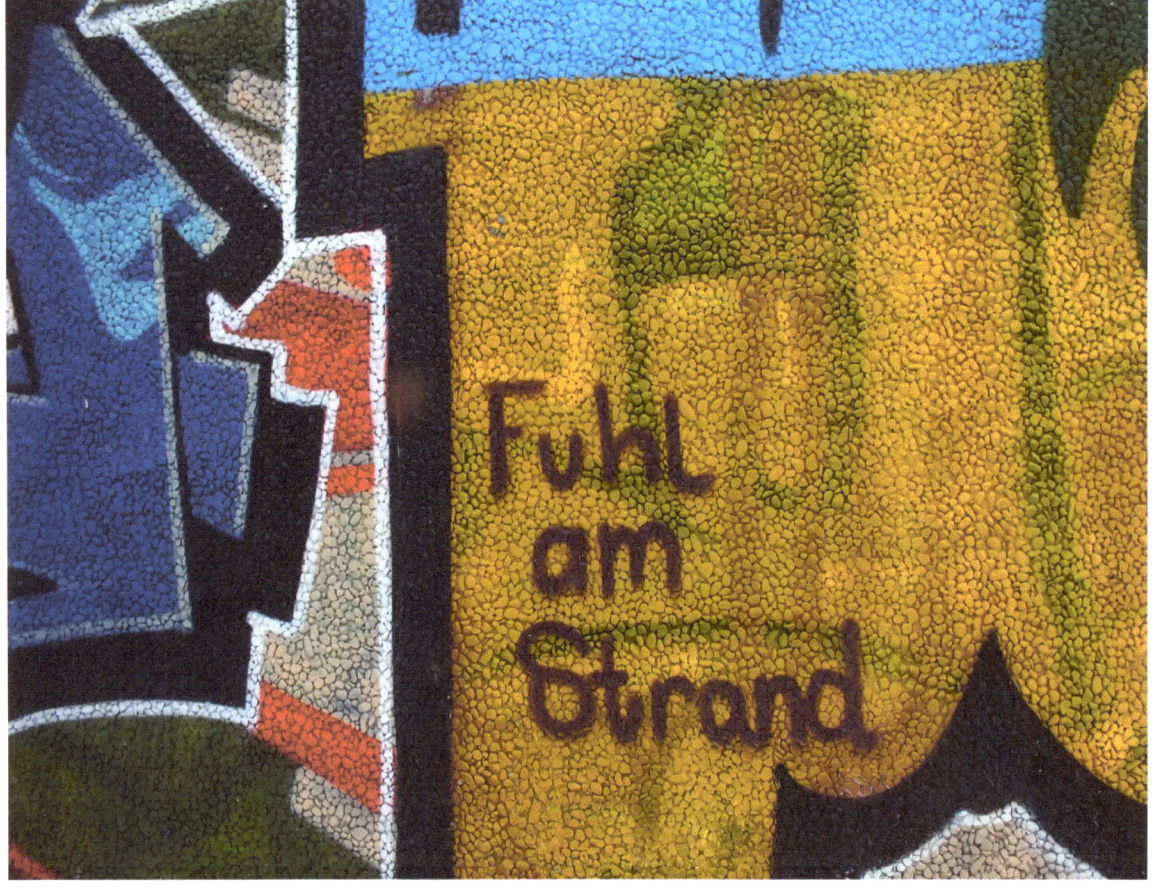

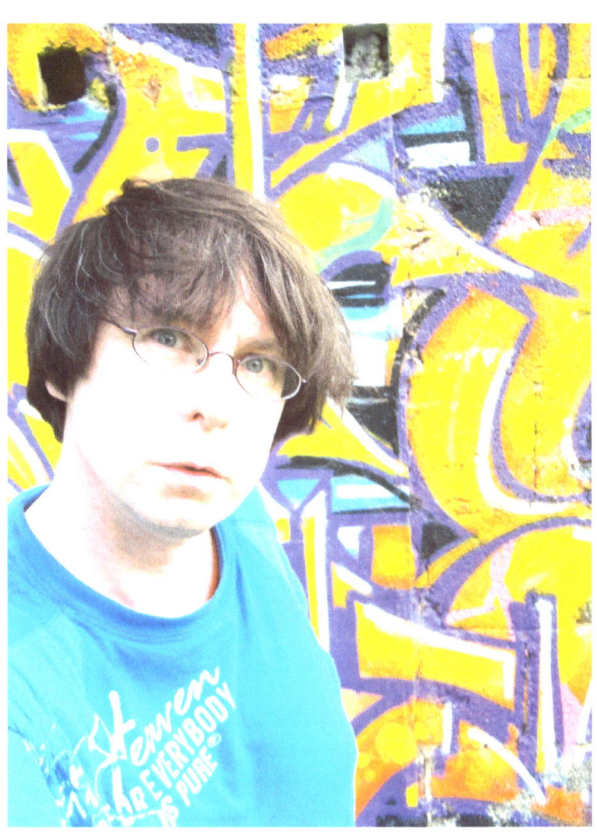

ZUR PERSON

Josef Mahlmeister ist Kölner. Kein Gebürtiger. Aber Kölner IM und AUS ganzem Herzen!

Das ist oft mehr Aussage, als wenn man tausend Worte über Erfolge, Misserfolge seines Lebens schreiben würde.

Wer trotzdem mehr über ihn und sein Schaffen erfahren will, ist aber herzlich eingeladen, bei Amazon und auch bei CreateSpace zahlreiche Ergebnisse seines Tuns in Augenschein zu nehmen.

Nicht alle seine Werke, sprich: Bücher, sind mit BUNTEN Bildern. Alle aber haben sie Eines gemeinsam:

Sie erzählen Geschichten! Egal ob für Kinder, mit Kindern bzw. für Erwachsene gemacht, sind alle vorwiegend in Köln entstanden und werden auch von Köln aus nach Köln und manchmal über den Buchhandel und Amazon in die ganze Welt versandt.

Welches Buch DICH anspricht? Nun, Hoffentlich dieses! ☺